빨리 은퇴하라

빨리 은퇴하라

오직 당신만을 위한
은퇴 후 창업 창직 가이드 코칭북

최승영 지음

수년 전 코칭이라는 것을 배웠다. 코칭은 컨설팅처럼 내 지식을 전달하는 것이 아니라, 고민을 가진 고객이 스스로 답을 찾게 하고 스스로 해결하게 하는 과정이었다. 성찰을 이끄는 전략적인 질문은 정말 많은 변화를 이끌었다. 그리고 무엇보다 나 자신이 코칭을 통해 단단해졌다.

인생 5학년이 되고 보니 주변의 중장년을 보며 '준비하지 않은 은퇴'가 얼마나 큰 고통인지 실감하게 되었다. 코칭을 적용해 모두에게 해당하는 답이 아닌, 그 사람이 스스로 돈과 행복을 찾게 만드는 조력자가 되어야겠다고 생각했다. 그래서 '당신이 브랜드다'라는 의미의 '유브랜드'를 만들고 책도 쓰고 유튜브도 시작하게 되었다.

많은 사람에게 은퇴가 두려운 가장 큰 이유는 무엇일까? 매월 꼬박꼬박 들어오던 월급이 없어지는 게 두렵고, 뭐로 벌어

먹고살아야 할지 모르니 더 두려워진다.

열심히 일한다는 것은 돈도 돈이지만 자신의 존재감을 세우는 가장 강력한 방법이다. 은퇴 후 돈을 번다는 것은 일을 통해 돈뿐만 아니라 자신의 존재감도 지속적으로 유지할 수 있다는 뜻이다.

생각해보자. 모든 은퇴자의 삶은 다 절망적일까?

절대 그렇지 않다. 은퇴 전 삶보다 은퇴 후 삶을 더 멋지게 사는 사람들은 얼마든지 있다.

그렇다면 은퇴를 미룰 수 있는 데까지 미루는 게 현명한 것일까?

결국 누구나 은퇴한다. 꼬박꼬박 월급을 주던 사장님도 은퇴한다. 언제까지 은퇴를 미룰 것인가? 나이가 들면 용기는 사그라들고 열정과 의욕은 소극적으로 바뀐다. 그러니 용기와 열정이 있을 때 당당히 마주하는 편이 훨씬 낫다.

급변하는 세상에서는 먼저 준비하는 자가 먼저 나갈 수 있다.

세상은 변한다. 다시 말해 과거의 잣대로만 미래를 가늠하고 평가하는 것은 아주 바보 같은 짓이다. 영화 <써니>에 나오는 것처럼 1980년대에 누가 핸드폰으로 사진 찍고, 물을 돈 주고 사 먹는 시대가 올 것이라고 상상이나 했을까? 특히 우리나라는 유행이 무척 빨리 변하는 트렌드 강국이다. 앞으로 어떤 변화가 올지 정확히 아는 사람은 없다. 앞으로는 나이가 기준이 아닌, 시대의 변화에 적극적으로 대처하는 사람이 주인공인 세상이 펼쳐질 것이다.

이 책은 빠른 은퇴를 조장하는 나쁜 책이다. 동시에 은퇴 후의 삶에 대한 근본적인 고민을 함께 해결해 가는 좋은 책이다. 지금까지 시중에 나온 대부분의 은퇴 관련 서적은 은퇴를 위한 마음가짐을 잡아주는 정도에서 크게 벗어나지 못했다.

이 책은 무턱대고 '누구나 이걸 하면 돈을 많이 번다'가 아니라, 각자가 지닌 능력과 관심을 먼저 이해하고, 자신의 상황과 능력을 먼저 파악하는 과정을 거쳐, 은퇴 후 직업을 탐색하는 프로세스를 제시한다.

끝까지 읽어가면서 제시된 질문에 하나씩 답을 해나가다 보면 은퇴 후 자신의 삶에 대한 코칭을 간접적으로 경험할 수 있을 것이다. 또한 은퇴 이후 돈과 행복을 동시에 거머쥔 열 명의 실제 사례를 담아, 자신이 되고 싶은 삶의 방향과 목표에 대한 예시도 얻을 수 있다.

이 책의 목적은 은퇴 후 자신의 삶에 진정한 주인공으로 우뚝 서는 것이다. 아직 현직에 있든, 이미 은퇴했든 상관없다. 현재의 일에서 은퇴하고 새로운 일을 찾으려는 모든 성인을 대상으로 책을 꾸몄다.

청년 못지않은 열정으로 많은 성과와 성공을 만들고 있는 40대, 남다른 노하우와 경륜으로 조직을 이끄는 50대, 그리고 원숙한 철학과 인생의 가치를 아는 60대를 아우른다. 100세 시대이다. UN이 정한 청년은 18~65세이고, 중년은 66~79세, 노년은 80~99세다. 그러니 새롭게 등장한 영시니어, 액티브 시니어, 신중년, 영실버가 모두 대상이다.

더불어 이 책은 자신의 능력에 대한 이해는 물론, 필요한 능력을 갖추기 위한 자기 이해, 자발적으로 변화하기 위한 노력 등을 독려한다. 변화라는 게 생각보다 쉽지 않다. 게다가 혼자 노력한다는 것은 더 쉽지 않다. 같은 의지를 가진 동반자가 있다면 이 어려운 과정은 훨씬 쉬워지며 효과는 배가될 것이다. 가능하다면 함께 책을 읽고, 서로 격려해 줄 수 있는 동반자와 함께 하나씩 실천해 볼 것을 권한다.

은퇴 후에 할 것은 너무나 많다. 더 멋지게 살 수 있는 기회가 무궁무진하다. 은퇴가 두려운 것은 단지 경험해보지 않았기 때문이다. 은퇴, 언제까지 미루겠는가?

이 책을 쓰며 생각해보니 주변에는 고마운 분이 너무나 많다. 내게 코칭을 알려주고 계속 이끌어 주는 (주)블루밍 경영연구소의 김상임 대표 코치님과 코치님들, 책을 빨리 쓰라며 전폭적으로 격려와 응원을 해준 이은북의 황윤정 대표님, 안진현, 윤성아 등 유브랜드의 가족과 유튜브 '유브랜드'에 출연해 준 인터뷰이들, 늘 든든한 응원자인 남정희, 기지훈, 권혁태, 이현창, 한정선, 김홍숙, 성열규, 최혜경, 김지현, 조경미, 이승무···. 그리고 사랑하는 가족과 천국에 계신 어머님께 깊은 감사의 마음을 전한다.

창밖 햇살이 좋은 유브랜드 사무실에서
최승영

STEP 5

현실 │ 꿈이 현실을 이끈다   159

아름다운 인생 후반기, 준비되지 않은 상태로 맞이하기에는 너무나 중요하고 의미 있는 일이다. 어떻게 접근해야 할까요? 이 책은 어떤 직업을 택하라는 방식이 아닌, 독자가 스스로 그 답을 찾도록 코칭 방식으로 다양한 관점을 보도록 합니다. 내가 가진 자원에 오색 빛깔 무지개를 더하는 시너지를 경험해 보시기 바랍니다.

— 김상임(블루밍경영연구소 대표, MCC-마스터 코치)

중년을 맞으며 은퇴만큼 두려운 단어가 있을까요? 이 책은 기존 은퇴 서적과 다른 방식으로 은퇴 후의 삶을 스스로 찾게 하고 있습니다. 은퇴 후의 직업 선정은 물론 자신의 삶을 성찰하는 힘까지 가지고 있습니다.

— 민희식(전 에스콰이어 편집장, 현 크리에이티브 워크 대표)

막연한 은퇴 준비를 매우 체계적으로 이끌고 있습니다. 은퇴 준비를 하는 사람들에게 가장 중요한 세 가지 팁 '나에게 맞는 직업'을 '스스로 찾는 방식', 그리고 '책에 소개된 성공사례를 유튜브로도 볼 수 있다는 점'이 매우 구체적으로 소개됩니다.

— 테오도르 곽(건축가, 테오하우스 대표)

STEP 1

고민

명함의 직위, 영원할까?

입사해서 처음 받은 명함. 내 이름에 눈길이 갔다. 경력이 쌓이고 승진을 하며 바뀐 명함에서 눈길을 끄는 것은 더 이상 이름이 아닌 직위였다.

하지만 은퇴를 하면 갖고 있던 명함은 백지로 변한다. 명함뿐만 아니라 생각보다 많은 게 변한다. 받아들여야 할 현실이다.

외면하지 말자.
은퇴는 현실이다

　　　　　　　　　　　　　　중년에 접어들면 두려운 단어
가 몇 개 생긴다. 돈, 건강, 은퇴…. 큰 중병이 없다면 그중 가장
피하고 싶은 것은 대부분 은퇴일 것이다. 그렇다. 특히 평균 은
퇴 연령이라는 숫자가 직장인에게는 마치 시한부 인생을 사는
듯해서 한 장 한 장 넘기는 달력이 무겁고 두렵다. 혹시라도 구
조조정이나 인력 감축 같은 이야기가 나오면 그날은 불면의 밤
이 된다.

　　현재 국내 평균 은퇴 연령은 몇 살일까? 조사 기관마다 차
이가 있지만 50대 초반에서 이제는 40대 후반으로 낮춰졌다.

　　2020년 6월 하나금융 100세 행복연구센터가 발표한 보고
서 '대한민국 퇴직자들이 사는 법'에 따르면, 퇴직자 1,000명의
평균 퇴사 연령은 49.5세에 불과하다. 대부분의 퇴직자들이 '고
용상 연령차별금지 및 고령자고용촉진법에 관한 법률' 제 19조

에 보장된 만 60세 정년을 못 채우고 밀려난다.

2020년 9월 잡코리아와 알바몬이 직장인 530명을 대상으로 '현실적인 상황을 고려했을 때 언제까지 직장 생활을 할 수 있을 것이라 생각하느냐'는 질문에도 전체 응답자 평균이 49.7세로 집계됐다. 4년 전 조사 결과인 50.9세보다도 1.2세 낮아졌다.

그럼 은퇴 나이는 다시 높아질 수 있을까? 천만의 말씀. 코로나19 팬데믹으로 기업이 힘들어져 감소 추세는 더욱 빨라질 것이다. 이걸 남 얘기라고 치부할 수 없는 것이 우리의 현실이다.

이제 당신의 상황을 돌아보자. 지금 다니는 직장, 얼마나 더 다닐 수 있을까? 3년? 길어야 5년? 초반부터 맥 빠지게 해서 미안하지만 현실을 조금 더 살펴보자.

당신의 직장은 지속적으로 성장 중인가? 고용 창출이 계속 늘어나고 있는가? 신입 사원은 예외로 치더라도 당신 바로 아래 직원들이 당신보다 무능한가? 부하 직원들이 회의 때 치고 들어오는 모습을 보면 든든한가, 아니면 불안감이 생기나? 혹시라도 당신에게 없는 능력, 이를테면 외국어나 트렌드에 강점이 있는 후배 직원이 있다면 감당할 수 있나?

경륜, 경험 이런 것 말고 당신이 실제로 갖고 있는 차별적 강점은 무엇인가? 회사에서 당신의 오랜 근무 경력을 부하 직원의 능력보다 더 높게 쳐줄까? 회사는 늘 능력 대비 인건비를 살펴본다. 그런데 그들의 연봉은 당신보다 적다.

언제까지 회사에서 일할 수 있을까. 100세 시대라는 단어는 희망에서 절망과 두려움, 걱정으로 바뀐 지 오래다. 우리는 은퇴 후 50년이나 더 살아야 한다.

그렇다면 지금 당신은 은퇴 준비를 잘하고 있는지 점검해 봐야 한다. 대학 시절 내내 취업 준비를 했지만, 은퇴를 위한 준비는 얼마나 하고 있나 생각해보자. 나의 은퇴 준비는 100점 만점에 몇 점 정도일까? 80점? 50점? 30점? 생각해보면 아마도 우울할 것이다. 하지만 우울해 하기만 한다고 해결되는 문제는 하나도 없다.

답은 의외로 간단하다. 준비하면 된다. 피하지 않고 정면으로 맞서면 된다. 100세 시대에 남은 50년, 아무런 준비 없이 그냥 마주한다면? 당신도 안다. 그게 얼마나 무모한 일이라는 것을. 하지만 준비하면 은퇴는 결코 두렵지 않다. 빠른 준비가 빠른 성공을 만든다. 피하지 말고 적극적으로 준비하면 부러움을 한 몸에 받는, 정말 행복한 인생 2막을 살 수 있다. **은퇴 준비, 언제까지 미루겠는가?**

은퇴,
결국 다 한다

직원에게 월급을 주는 사장도 은퇴한다. 사장에게 월급을 주는 회장도 은퇴한다. 아무리 연봉이 높아도 은퇴한다. 은퇴에서 자유로운 사람은 거의 없다.

나는 잡지사에서 근무했다. 하나의 잡지 부서는 7~10명의 기자가 모인 편집팀과 3~4명의 디자이너로 구성된 미술팀, 4명 정도의 광고팀으로 구성된다. 잡지 판매를 담당하는 영업팀과 정기구독을 담당하는 CRM은 공통 부서다. 사진은 주로 외주로 진행한다.

이 모든 부서를 총괄하는 편집장은 한 명이다. 그러다 보니 편집장이 된다는 것은 사실상 하늘의 별 따기다. 편집장은 어지간해서 바뀌지 않는다. 편집팀의 직원들은 결국 대부분 중년까지 기자로 일을 해야 하는 상황이다. 대부분의 조직이 그렇다. 위로 올라갈수록 상급자가 줄어드는 피라미드 구조다.

조금 더 살펴보자. 2018년 한국노동패널 자료에 따르면 중장년들 가운데 직업의 세계에서 완전히 은퇴한 50대는 약 25%로 나타났다. 나머지 약 75%는 비은퇴자로 지속적으로 경제 활동을 한다. 즉, 회사를 퇴직했지만 다른 일을 통해 경제 활동을 해야 하는 비율이 75%라는 의미다. 자료를 종합적으로 살펴보면 실제 은퇴 연령은 70대 초반이다. 인생의 첫 번째 직업에서 큰 문제없이 회사를 잘 다녔다고 하더라도, 중년 이후 다시 15~25년가량 일할 수 있는 직업을 구해야 한다는 뜻이다.

통계청에서 발표한 <2019년 기준 중·장년층 행정통계 결과>에 따르면 2019년 11월 1일 기준(이하 동일) 중·장년층 인구(만 40~64세에 해당하는 내국인)는 약 1,998만 명으로 총인구의 40.0%를 차지하는데 그중 등록 취업 중인 중·장년층은 1,276만 명으로 63.9%이다. 100명 중 약 64명이 등록 취업 중인 것이다.

종사상 지위별로는 임금 근로자가 77.9%, 비임금 근로자가 18.8%, 임금 근로와 비임금 근로를 병행하는 경우가 3.4%를 차지했다. 비임금 근로는 임금을 못 받는 것이 아니라 직접 사업체를 운영하거나 프리랜서와 같이 혼자 전문적인 일에 종사하는 것을 뜻한다.

근로 및 사업소득(신고액)이 있는 중·장년층 비중은 75.6%이며, 소득이 있는 사람의 연 평균소득은 3,555만 원으로 전년보다 3.3% 증가했다. 주택을 소유한 중·장년층은 42.6%로, 전체 남성의 45.6%, 전체 여성의 39.6%에 해당한다.

금융권 대출 잔액이 있는 중·장년층은 56.3%이다. 그들의 대출 잔액 중앙값은 4,856만 원으로, 100명 중 약 56명이 대출을 유지 중이며, 평균 대출 잔액은 약 5,000만 원이다. 평균 은퇴 연령이 50세에 채 미치지 못해 점점 수입은 줄어드는데 그동안 대출받은 것을 유지하니 부담은 몇 배로 작용한다.

공적연금 및 퇴직연금에 가입 중인 중·장년층은 74.6%이며, 남자의 가입 비중이 81.9%로 여자의 가입 비중(67.2%)보다 14.7%포인트 높다.

총인구 중 65세 이상의 노인 인구가 차지하는 비율이 7% 이상일 경우 '고령화 사회', 14% 이상일 경우 '고령사회', 20% 이상일 경우 '초고령사회'로 분류한다. 우리나라는 2000년에 노인 인구가 전체 인구의 7%를 넘어서면서 고령화 사회에 진입했다. 2009년 7월에는 노인 인구가 10.7%에 달했다. 그리고 2017년에는 노인 인구가 14.25%(711만 명)를 넘어서면서 고령사회에 진입했다. 통계청은 2025년에 노인 인구가 1,051만 명으로 전체 인구 중 20.3%에 달할 것으로 전망했다. 사실상 초고령사회 진입이 얼마 안 남았다. 1차 베이비부머 세대(1955~1963년생)가 노인 인구로 진입 중이고, 2차 베이비부머 세대(1970~1974년생)도 곧 노인 인구에 합류한다.

2030년 후반이 되면 1차와 2차 베이비부머 세대가 모두 노인이 된다. 우리나라의 베이비부머 세대는 치열한 직장 생활을 했는데, 인생 2막도 치열하게 살아야 할 운명이다.

현실을 직시해야 한다. 앞의 데이터를 보며 은퇴 후의 당신의 모습을 색깔로 표현하면 어떤 색이 떠오르나? 맑고 투명한 하늘색? 아니면 먹구름 잔뜩 낀 무채색? 당신이 떠올린 그 색이 당신의 솔직한 심정이다.

매년 연말 정기 인사에서 배제되는 것은 아닌지 마음 졸이며 살아도 그게 행복하다면 그냥 그렇게 사는 게 답이다. 하지만 명심할 것은 나이가 들수록 용기와 열정은 식는다는 것이다. 은퇴가 늦을수록 성공할 확률은 그만큼 낮아진다. **은퇴 준비, 언제까지 미루겠는가?**

급여,
더 이상 없다

　　　　　　　　　　　　　　　　은퇴는 곧 급여 통장의 종말
을 의미한다. 퇴직금을 받고 나면 급여는 종적을 감춘다. 책상
서랍에 사직서를 넣어두고 서랍을 열었다 닫았다 갈등하는 장
면을 모든 직장인이 공감하는 이유 역시 퇴사는 급여의 종지부
라는 것을 알기 때문이다.

　　급여, 얼마나 중요한가. 그 돈으로 가족이 살고 자녀 교육도
할 수 있다. 국내외로 가족 여행도 가고 주말에 취미도 즐길 수
있다. 이따금 호기롭게 밥값도 낼 수 있고 부모님께 용돈도 드
릴 수 있다. '급여 = 생활'의 등식은 거의 모든 직장인에게 해당
한다. 사리가 나올 지경까지 참고 버티는 것은 '급여 = 생활'이
라는 등식 때문이다. 그래서 책상 서랍 속, 재킷 안 주머니 속,
마음속 사직서는 좀처럼 밖으로 꺼내지 못한다. 직장 생활을 하
며 겪게 되는 많은 어려움, 심지어 수모까지도 급여 때문에 견

디고 버텼던 것이다.

이불 밖이 위험한 게 아니라 직장 밖이 위험하다. 절대 나가면 안 된다. 그래서 직장인을 월급 노예라고들 한다. 그런데 정말 그럴까?

이 상황의 본질과 핵심을 보자. 본질은 '급여 = 생활비'라는 점이다.

회사를 다녀야 급여를 받고 생활이 가능하다. 그래야 지금껏 유지됐던 생활과 안락을 지속할 수 있다.

여기서 핵심은 무엇일까?

바로 '돈을 번다는 것'이다. 돈을 벌어야 이 모든 게 가능하다. 그리고 내 주머니에 돈이 있어야 어깨가 펴지고 목에 힘이 들어간다. 소위 존재감의 유지다.

그렇다면 돈은 꼭 직장 생활을 통해서만 벌 수 있는 걸까? 그렇지 않다는 것을 다 안다. 그런데 왜 직장 생활로만 돈을 벌려고 할까?

답은 간단하다. 안정적이기 때문이다.

퇴사 후 새로운 일로 돈을 번 사람들의 이야기를 줄줄이 꿰차고 있지만 결론은 항상 남의 이야기로만 끝난다. 꼭 그게 남의 이야기일까? 내 이야기는 될 수 없을까?

또다시 묻는다. 직장은 앞으로의 내 삶을 안정적으로 보장할까? 그건 구조조정, 인원 감축을 피하고 싶은 간절한, 어쩌면 허황된 바람은 아닐까? 미리 준비하는 자가 미래를 차지한다. **은퇴 준비, 언제까지 미루겠는가?**

안주하는 만큼
기회는 줄어든다

잡지사에 근무하며 사보를 제작하는 부서를 새로 만들게 되었다. 그런데 같은 업무를 하는 부서가 이미 사내에 있었다. 30년이나 된 그 부서는 탄탄한 입지를 자랑하며 회사의 캐시카우로 꼽혔다. 처음엔 동일한 업무였지만 나름 열심히 해서 부서를 만든 첫해에 흑자를 기록했다.

그런데 빠르게 변하는 세상에서 옛 방식으로만 일하다 시대에 뒤처지는 것은 아닐까 하는 생각이 들었다. 변화해야 했다. 내가 맡은 부서에 별도의 디지털 팀을 꾸렸다. 국내에 아이패드가 들어오기 전이었다. 기존 계간지를 대행하던 건설사에 디지털 앱진을 제안했고 논의 끝에 발행이 결정되었다. 처음 해보는 일이라 상상을 초월할 정도로 힘들었다. 하지만 그렇게 나온 결과물에 클라이언트는 대만족했고 그 해에 국내외에서 많은 상을 거머쥘 수 있었다.

도전은 계속되었다. 당시 고객사의 VIP를 대상으로 하는 매거진 제작만 대행하다 보니, 직접적으로 고객을 만날 기회가 없었다. 간극은 고스란히 허전함과 갈망으로 이어졌다. 결국 프레젠테이션을 통해 VIP 행사 대행을 수주했다. 결과는 대만족. 사보를 만드는 동종업계에서 이런 방식으로 일하는 회사나 부서는 없었다. 우리 부서는 완벽한 차별적 강점을 보유하게 되었다.

이런 성공 경험은 비단 필자만 누린 것은 아닐 것이다. 성공 사례에 대한 강의를 하면서, 수강자를 2인 1조로 묶어 서로의 성공 경험을 나누는 시간을 주면 주어진 시간을 넘기는 경우가 태반이다. 누구나 나름의 성공 경험이 있다. 그럼 첫 성공 사례를 만들 때의 나이는 몇 살이었을까? 빠르면 30대, 조금 늦으면 40대일 것이다.

많은 사람들의 부러움과 찬사를 받은 큰 성공 경험은 이후의 직장 생활에서 무엇보다 강력한 동기부여가 되었을 것이다. 퇴근 시간이 되자마자 집에 가기 바쁜 다른 직원과 달리 자발적 야근을 하며 심지어 휴일 근무도 즐거웠을 것이다. 이렇게 또다른 성공을 이끌어냈고, 승승장구했을 것이다. 말로는 고된 직장 생활에 대한 고충을 털어놓더라도 속내는 자신이 아니면 회사가 안 돌아갔다는 자부심이 분명히 담겼을 것이다.

한발 물러나 생각해보자. 시간이 지날수록 열정의 온도는 식고 그 빈자리에는 두려움이 채워진다. 도전이란 단어는 젊은 세대의 전유물처럼 느껴진다. 하루가 멀다하고 나오는 신조어, 하다못해 예능 프로그램의 자막에서도 이해하지 못하는 단어가 출몰한다. 그게 무슨 뜻인지 물어보는 것조차 용기가 나지 않는다.

그뿐인가. 디지털 세계의 발전 속도는 도무지 따라잡을 수가 없다. 특히 디지털 생태계는 하루가 다르게 변하고 이를 통해 커뮤니케이션은 더욱 복잡해져 가고 있다. 다들 세상이 편해지고 있다는데, 왠지 소외당하는 느낌이다.

트렌드도 모르는데 도전이라는 단어가 살갑게 느껴질 리 없다. 시간이 지날수록 더해질 것이다. **은퇴 준비, 언제까지 미루겠는가?**

스마트폰의 빼곡한 연락처,
평생 안 간다

새로운 기능으로 중무장한 스마트폰이 끊임없이 출시되고 있다. 그 기능이 신박하기 그지없다. 이에 질세라 그에 걸맞은 앱들도 바로 나온다. 스마트폰으로 이런 걸 할 수 있으면 좋겠다는 생각에 찾아보면 이미 앱으로 다 만들어졌다. 정말 없는 게 없는 세상이지 싶다. 디지털은 많은 것을 바꾸었다. 종이로 주고받던 청첩장도 스마트폰으로 주고받는다. 명함도 언제부턴가 데이터로 바뀌었다. 종이신문이 맥을 못 춘 것은 이미 오래전이고, 학창 시절 사용하던 영한사전도 머지않아 <TV쇼 진품명품>에 나올 판이다.

스마트폰에 저장된 연락처를 열어보자. 정말 빼곡하다. 이 연락처를 종이 명함으로 받아 보관한다면 족히 책 몇 권 분량은 될 것이다. 다양한 분야의 회사 대표부터 신입 직원까지, 회사도 직위도 다양하다. 가만히 보면 연락처 대부분은 사회생활을 하며 쌓은 인맥이다. 재직 중일 때 전화하면 언제든 반가운 목소리로 받는다.

하지만 은퇴와 더불어 그 연락처의 대부분은 사라진다. 업무와 관련되었던 연락처를 다 지우고 나면 핸드폰의 연락처는 홀쭉해진다. 이렇게 지우고 남은 연락처만 지속적인 관계를 맺을 수 있는 사람들이다.

아쉬운가? 아니다. 그렇게 감성팔이를 할 게 아니라는 얘기다. 은퇴 후의 계획이 확고하게 서 있고 아직 현직에 있다면 이 리스트를 어느 정도 유지할 수 있다. 물론 현직에 있는 동안 그들과 지속적인 연결고리를 만들어야 한다. 하지만 아무런 대책 없이 현직에서 물러나면 이 리스트의 효용가치는 뚝 떨어진다. 준비하지 않으면 그 많은 연락처도 무용지물이 되고 매일 끊임 없이 오던 전화며 문자, 카톡도 끊긴다. 설사 당신의 퇴직을 모르고 온 연락도 당신의 퇴직 소식을 접하고 나면 '잘 지내길 바란다'는 말과 함께 그 사람 스마트폰에 있던 당신의 연락처는 사라질 수 있다.

스마트폰의 연락처가 영원할 것이라는 생각은 아예 접어라. 홀쭉해진 연락처 리스트를 다시 채울지 못 채울지는 당신이 정하는 것이다. 은퇴 후 다른 일을 한다면 얼마든지 복원이 가능하다. 하지만 은퇴 후 아무 일도 안 한다면 빈곤한 연락처만큼 사회적 관계도 초라하게 쪼그라들 것이다. 얼마나 외롭겠는가. **은퇴 준비, 언제까지 미루겠는가?**

건강,
중고차와 다르지 않다

'중년이 되면 서글퍼진다'는 말이 무슨 의미인지 중년이 되면 이해와 공감이 된다. 오죽하면 병명에 대놓고 50세를 붙여 오십견일까. 사는 것도 힘든데 몸이 예전 같지 않다. 노안을 시작으로 근력도 떨어지고 피부 탄력은커녕 늘어가는 주름과 칙칙해지는 피부톤, 거기에 머리숱까지 휑해진다. 보이는 것만 그런 게 아니다.

40대가 되면 눈의 수정체가 탄력을 잃고 이를 조절하는 안근육도 약해지면서 초점을 맞추기가 어려워진다. 60대가 되면 수정체의 단백질 성분이 산화되고 혼탁해져 백내장이 흔히 발생한다. 치아도 예외는 아니다. 치아 표면을 보호하는 에나멜은 깨지기 쉽다. 오래된 보철물이 분해되어 새로운 충치가 생길 수 있고 잇몸도 약해진다. 40대 이후 가장 흔한 치과 질환은 치주염으로 관리를 제대로 하지 못하면 치아가 제 역할을 못하게 된다. 부실한 치아 건강은 영양 불균형의 주된 요인이 된다. 탱탱했던 피부의 진피층은 점점 얇아지고 콜라겐 섬유소도 분해되어 피부 탄력까지 잃는다.

50대가 되면 머리카락의 반은 결혼식 주례사에서 들었던 파뿌리 색으로 변하고 갈수록 탈모가 진행된다. 청각신경 세포도 점차 기능을 잃고 내이도의 벽도 점점 얇아지고 마른다. 50대 중반까지는 청력이 정상이지만 60세에서 80세 사이에 청력의 25%가 감소한다. 65세 이상의 연령에서 세 명 중 한 명은 청력에 문제가 생긴다.

50세가 넘으면 생식 호르몬도 감소한다. 여자는 에스트로겐이라는 여성 호르몬이 급격히 떨어지고, 남자는 남성 호르몬인 테스토스테론이 점차 줄어든다. 우울증 등 기분의 변화도 생기고 골밀도도 떨어지며 근육의 힘도 약해진다. 소변을 걸러내는 신장의 기능과 방광의 근육도 약해진다. 고령자 세 명 중 한 명은 요실금을 경험한다.

55세 전후가 되면 폐 조직 내 단백질이 탄력을 잃어 흉곽의 움직임도 둔해진다. 들이마신 공기 중 산소를 폐정맥 내의 혈액으로 옮기는 폐포의 능력이 떨어진다. 위액과 소화효소도 60세가 넘으면 현저히 줄어든다. 음식물이 소장과 대장으로 넘어가는 시간이 길어지고 변비가 흔해진다. 일부 영양소는 쉽게 흡수되지 않는다.

혈관 벽을 싸고 있는 내피층에 지방 성분이 쌓이고 상흔 등이 축적되어 동맥경화가 심해진다. 심장과 뇌 등 여러 장기에

혈류량이 줄고 혈압은 높아진다. 폐경기 전의 여성은 심장병 발생 위험이 남자보다 작으나 폐경 후에는 더 커진다. 65세가 넘은 노년의 60% 이상이 심장과 혈관에 문제가 생긴다.

밀집되어 있던 뇌 신경세포도 엉성해진다. 언어 능력은 그런대로 유지되지만 집중력과 구성력, 기억력은 쇠퇴한다. 50세가 넘으면 골밀도도 점차 감소하고 관절을 부드럽게 보호하는 연골도 점점 소실된다.

특히 폐경기 여성은 에스트로겐이 떨어지며 골 손실도 가속된다. 나이를 먹을수록 근육의 크기와 무게도 줄어든다. 같은 칼로리를 섭취해도 지방이 쌓이고 살이 찐다.

나이가 든다는 것은 주행거리가 긴 중고차와 같다. 여기저기 아픈 데가 늘어나고 먹어야 하는 약도 많아진다. 부품이 오래된 자동차처럼 사람의 몸도 체력이 약해지고 기억력이나 집중력이 떨어진다. 모든 효율이 떨어진다.

누구나 설레었던 기억을 갖고 있다. 특히 직장생활에서의 성공 경험은 또 다른 프로젝트를 만났을 때 가슴을 두근거리게 한다. 경쟁이 치열할수록 두근거림은 더 커지고 성공의 쾌감도 몇 배나 상승했다.

마지막으로 설레었던 게 언제인가? 아마 가물가물할 것이다. 나이가 들수록 새로운 일을 마주할 때 예전의 설렘 대신 두려움과 걱정이 앞선다. 그러니 추진력도 떨어지고 성공 확률도 떨어질 수밖에 없다. 몸과 마음의 건강도, 용기와 열정도 갈수록 떨어질 수밖에 없다. **은퇴 준비, 언제까지 미루겠는가?**

4차 산업혁명,
버틸 재간이 더 없어진다

2016년 초 세계경제포럼에서 '4차 산업혁명'이 발표되며 전 세계가 들썩였다. 사실 4차 산업혁명이란 용어는 대표성만 있을 뿐 이미 여러 나라에서 같은 의미를 지닌 용어들을 사용하고 있다. 우리나라에서는 어떤 기기를 통해서도 컴퓨팅할 수 있는 유비쿼터스 시대가 온다고 한 게 1988년이다. 미국은 '디지털 트랜스포메이션', 중국은 '중국 제조 2025', 일본은 '로봇 신전략'이라는 이름으로 변화에 박차를 가하고 있다. 4차 산업혁명으로 대표되는 상황은 이미 진행중이다.

일본 소프트뱅크의 손정의 회장은 2016년 인수한 영국 반도체 설계 기업 ARM의 개발자 대회에 참석해 "향후 20년은 인류 역사상 가장 빠르게 변화하는 시기"라고 말했다. 손 회장은 "앞으로 인공지능과 사물인터넷이 지금까지 존재해 왔던 모든 산업의 틀을 개편할 것이다. 2035년까지 사물인터넷용 기기는 1조 개 이상으로 늘어날 것이며 여기에서 생산되는 막대한 데이터는 IT뿐만 아니라 쇼핑, 교통, 헬스케어, 금융 등 현존하는 모든 산업을 개편할 것"이라고 덧붙였다. 언뜻 생각하면 정말 살기 편한 세상이 올 것처럼 보인다.

문제는 4차 산업혁명을 개인화해서 볼 때이다. 이렇게 큰 위기는 이제껏 없었다.

한국고용정보원은 2020년 게시한 <2018 한국의 직업 정보>에서 향후 10년 동안 일자리가 감소하는 직업 30개를 선정했다. 잡지 기자, 어부 및 해녀, 한복 제조원, 통계·설문 조사원, 은행 사무원(출납창구 제외), 주유원(주유 판매원), 출판물 기획자, 광원 채석원 및 석재 절단원, 세탁원(다림질원), 초등학교 교장 및 교감, 매장 정리원(매장 보조원), 진로 진학 상담 교사, 구두 미화원, 악기 제조 수리 및 조율사, 조선공학 기술자, 대학교수, 보육 교사 및 보육사, 계기 검침원 및 가스 점검원, 철근공, 사무용 전자기기 설치 수리원, 초등학교 교사, 학습지 교육 교구 방문 강사, 건설 및 광업 단순 종사원, 곡물 작물 재배원, 유치원 교사, 혼례 종사원, 자동차 조립원, 선박 조립원, 간판 제작·설치원, 신문 기자이다. 2021년 현재 주변을 살펴보자. 이들 직업이 줄어들고 있는 것이 보이는가?

필자의 첫 직업인 잡지 기자가 없어질 직업 1위다. 그 시절엔 미래에 내 직업이 없어질 것이라곤 상상도 못했다. 비단 필자뿐만이 아니다.

	직업명	평균 (5점 척도)	'감소한다' 응답자 비율	응답자 수(명)
1	잡지 기자	1.57	83.30%	30
2	어부 및 해녀	1.57	90.00%	30
3	한복 제조원	1.63	93.30%	30
4	통계·설문 조사원	1.67	80.00%	30
5	은행 사무원(출납창구 제외)	1.67	96.70%	30
6	주유원(주유 판매원)	1.70	83.30%	30
7	출판물 기획자	1.73	86.70%	30
8	광석 채석원 및 석재 절단원	1.77	80.00%	30
9	세탁원(다림질원)	1.80	86.70%	30
10	초등학교 교장 및 교감	1.81	90.30%	31
11	매장 정리원(매장 보조원)	1.81	80.60%	31
12	진로 진학 상담교사	1.83	90.00%	30
13	구두 미화원	1.83	90.00%	30
14	악기 제조 수리 및 조율사	1.83	80.00%	30
15	조선공학 기술자	1.87	90.00%	30
16	대학교수	1.87	83.30%	30
17	보육 교사 및 보육사	1.87	86.70%	30
18	계기 검침원 및 가스 점검원	1.87	86.70%	30
19	철근공	1.87	86.70%	30
20	사무용 전자기기 설치·수리원(컴퓨터 제외)	1.87	90.00%	30
21	초등학교 교사	1.90	93.30%	30
22	학습지 교육 교구 방문 강사	1.90	90.00%	30
23	건설 및 광업 단순 종사원	1.90	80.00%	30
24	곡식 작물 재배원	1.90	83.30%	30
25	유치원 교사	1.93	83.30%	30
26	혼례 종사원	1.93	96.70%	30
27	자동차 조립원	1.93	86.70%	30
28	선박 조립원	1.93	96.70%	30
29	간판 제작·설치원	1.93	80.00%	30
30	신문 기자	1.97	86.70%	30

향후 10년 후 일자리 감소 직업

4차 산업혁명은 당장 밥을 먹고 살아야 하는 일반인에게는 위협 요소로 작용할 수밖에 없다. 너무나 많은 직업이 없어지리라는 것은 불 보듯 뻔하다.

현재 세계 최고의 발명가이자 사상가로 주목받는 미래학자 레일 커즈와일은 2045년경에는 컴퓨터가 스스로 진화할 수 있는 기술적 특이점에 도달할 것이라고 했다. 즉 기계가 스스로 학습을 계속하게 되면 발전 속도가 가속화되면서 인간의 지능을 뛰어넘는다고 했다.

기계에 의한 일자리 변화는 어떻게 진행될까? 고용노동부에서 발표한 <2016~2030 4차 산업혁명에 따른 인력 수요 전망>에 따르면 전문과학기술, 정보통신업 등 기술 진보의 영향을 크게 받는 고숙련 직업군의 '전문직' 중심으로 일자리가 증가하는 반면, 판매 종사자, 장치·기계 조작·조립 종사자, 단순노무 종사자 등 저숙련 직업군은 일자리 대체 가능성이 높은 것으로 조사되었다.

구체적으로 공학 전문가, 정보·통신 전문가 등 4차 산업혁명 핵심 인력 수요는 크게 증가할 것으로 예상했다. 소득 증가와 의료기술의 발달로 보건·사회복지 서비스직과 돌봄·보건 및 개인 생활형 서비스직, 문화·예술·스포츠 직업군에서 자리가 증가할 것으로 보인다. 학령인구 감소로 기초교육 수요는 감소할 것으로 예상했지만 4차 산업혁명에 따른 신기술 교육 수요의 확대로 교육 전문가 일자리가 소폭 증가할 것으로 관측했다.

반면 자율주행 및 자동화된 운송 시스템의 발달로 운전·운송 관련직 일자리가 크게 감소할 것으로 전망했다. 자동차·철도·선박·건설기계 등을 운전하는 직종, 스마트 공장 등 생산 공정의 자동화로 제조 관련 단순 노무직 등의 일자리 역시 감소할 것이라는 전망이다. 디지털 유통 확대 및 판매 서비스 자동화로 매장 판매직도 큰 폭으로 감소할 것이라고 관측했다.

4차 산업혁명을 쉽게 정리하면 소위 머리를 쓰는 일은 컴퓨터가, 힘을 쓰는 것은 로봇이 하며, 심지어 스스로 배우는 능력이 있어 인간의 지능보다 더 똑똑해진다는 것이다. 그러니 기존의 대다수 직업이 사라진다는 설명이다.

여기서 생각해보자. 이 현상이 꼭 위험 요소로만 작용할까?

거꾸로 생각하면 이 시대는 상상하는 자가 주인공인 시대이고, 창의성이 최강 무기가 되는 시대다. 그런데 창의성이라는 건 한순간에 발휘되지 않는다. 오랜 경륜과 경험이 창의성의 밑거름이 된다. 지금껏 살아오며 말도 안 되는 엉뚱한 상상을 해본 적은 없는가? 기술은 얼마든지 받쳐준다. 그 상상들이 무기가 되는 세상이다. 미리 준비하는 자가 미래의 주인공이다. **은퇴 준비, 언제까지 미루겠는가?**

잘 생각하면
이만한 기회가 없다

은퇴가 두려운 것은 막연함 때문이다. 왜 막연할까? 경험해보지 않았기 때문이다. 현직에 있으면서 은퇴를 미리 경험한 사람은 없다. 누구나 출발점은 같다는 뜻이다.

급여 통장의 종말, 하루가 다르게 바뀌는 트렌드, 컴퓨터와 로봇이 사람을 대체하는 4차 산업혁명은 분명 두려운 환경이지만 거꾸로 생각하면 기회다. 급여가 없다는 것은, 다시 생각하면 무언가를 적극적으로 하게 만드는 힘으로 작용한다. 바뀌는 트렌드는 당신이 지금까지 일했던 상황과 별반 차이가 없다. 꼭 그 트렌드를 따라가야 하는 것도 아니다.

4차 산업혁명은 앞서 이야기했던 대로 창의성이 주목받는 시대를 의미한다. 당신은 이미 오랜 경험과 노하우를 갖고 있다. 신참내기들에 비해 훨씬 자원이 많다는 뜻이다.

공자는 <논어>에서 '나면서부터 아는 사람이 상급이고(生而知之者上也 생이지지자상야), 배워서 아는 사람이 그다음이고(學而知之者次也 학이지지자차야), 곤경에 처해서 배우는 사람은 또 그다음이며(困而學之又其次也 곤이학지우기차야), 곤경에 처해도 배우지 않으면 사람이 하급이 된다(困而不學, 民斯爲下矣 곤이불학, 민사위하의)'라고 얘기했다.

여기에서 '生而知之(생이지지)'는 '학문을 닦지 않아도 태어나면서부터 안다'는 뜻으로 성인(聖人)을 일컫는다. 우리 중에 성인은 없다. 하지만 당신은 이미 직장 생활을 통해 배워서 알고 있고, 곤경에 처해 배우기도 했다. 다양한 경험을 통해 학습했으니 출발선이 훨씬 앞선 것이다.

문제는 이 경륜을 '어떻게 활용할 것인가'이다. 갈급함은 활용 방법을 창출한다.

생각해보자. 당신은 살아오며 크고 작은 성공 경험과 실패 경험을 수없이 많이 겪었다. 이 모든 성공 이유와 실패 원인은 오롯이 당신의 자산이 되었다. 당신은 지금까지 열심히 살아왔고 그런 자신을 충분히 칭찬해도 된다.

은퇴라는 단어를 앞에 두고 당신이 진짜 바라는 삶은 무엇이 되어야 할까? 그건 은퇴 후 밥벌이를 위한 삶이 아니라, 당신이 진짜 꿈꾸던 삶이어야 한다. 밥벌이는 그 꿈을 이루기 위한 과정일 뿐이다. 꿈 때문에 밥벌이를 포기하라는 의미가 아니라 병행하는 방법을 찾으라는 것이다. 이제 당신의 경륜이 제대로 빛을 발할 때가 되었다. **은퇴 준비, 언제까지 미루겠는가?**

생각하지 않았던 취미에
눈이 가는 나이다

직장은 서울, 집은 경기도였다. 매일 편도 40km가 넘는 거리를 출퇴근하는 게 힘들었다. 일이 많다 보니 퇴근 후 집에 못 가고 사우나에서 자면서 출퇴근하던 시절이었다. 그때 취미가 생겼다. 캠핑. 편집장 시절에 한 후배가 금요일 저녁, 지방의 모 캠핑장으로 나를 불렀다. 퇴근 후 달려가 만났는데, 조그만 가방 같은 걸 주었다. 1인용 텐트라고 했다.

둘이 늦게까지 수다를 떨다 폭우가 쏟아져 텐트에 들어가 자려고 누웠다. 천둥이 치고 폭우가 쏟아지는 그 1인용 텐트에서 얼마나 울었는지 모른다. 시끄러운 빗소리 덕에 정말 마음 놓고 엉엉 울었다. 스트레스가 극에 치달았을 때였다. 그렇게 울었던 게 큰 카타르시스가 되었다. 그 이후 혼자 다니는 소위 솔캠에 빠졌다.

중간 관리자 이상 올라가면 일이 너무 바빠 중요한 경조사 외에는 거의 업무 스케줄이다. 그런데 어느 순간부터 친구나 동년배들이 SNS에 각자 자신의 취미와 관련된 사진을 올리기 시작했다.

겨울잠이 취미라던 친구는 자전거를 타고 한강을 달리는 사진을 올리고, 산적같이 생긴 친구 녀석은 자기가 만든 요리를 올렸다. 상갓집에서 만난 친구는 아내가 거실에서 화초를 키운다고 타박했는데 이제는 자기가 반려식물 키우는 재미에 푹 빠져버렸다며 베란다에서 수경재배로 키우는 식용 채소 사진을 보여준다. 그 옆에 앉았던 금융회사에 다니는 친구는 퇴근 후 목공예를 배운다며 수다가 끝이 없다.

먹고 사는 것만으로도 무척이나 바쁜 중년의 삶. 하지만 조금 세심히 들여다보면 뭔가 조금씩 하고 있는 중이다. 중년이 바로 그런 나이다.

일에 치이고 경쟁에서 뒤처지지 않기 위해 이제껏 숨겨두었던 것이다. 사회 초년 시절 아무리 바빠도 연애는 했듯, 중년이 되면 자연스럽게 숨겨두었던 꿈을 꺼내게 된다. 일하기에 지쳐서기도 하지만 '하고 싶은 걸 더 이상 미룰 수 없다'는 자연스러운 욕구의 표출이다.

정말 지칠 정도로 숨가쁘게 달려왔다. 당신의 삶에서 주인공은 당신인가, 일인가. 은퇴 후에도 여전히 일이 주인인 삶을 살아야 할까? 늦지 않았다. 은퇴 준비를 잘하면 돈도 행복도 함께 거머쥘 수 있다. **은퇴 준비, 언제까지 미루겠는가?**

은퇴를 고민해 봤다면,
이 모든 것은 당신 이야기다

40세를 불혹(不惑)이라고 한
다. '세상일에 정신을 빼앗겨 판단을 흐리는 일이 없는 나이'라
는 뜻이다. 그런데 직장인은 그렇지 않다. 중간 관리자는 세상
일에 정신 팔 시간조차 없다. 빨리 성과를 만들어야 승진할 수
있다. 다음 단계로 진급하기 위해 무척이나 치열할 때다.

50세는 지천명(知天命)이라고 한다. '하늘의 명을 깨닫는 나
이'라는 뜻이다. 하지만 하늘의 명은 보이지도 않는다. 주변에
는 40대에 회사를 그만둔 이들이 한두 명이 아니다. 남의 일 같
지 않아 하늘의 명 대신 초조함이 하루하루를 꽉 채운다. 임원
이라면 더 그렇다. 남들에게는 부러움의 대상일지 모르지만 임
원은 회사에서 기대하는 성과를 내지 못하면 재계약을 못하기
때문이다.

60세는 이순(耳順)이다. '귀가 순해져 모든 말을 객관적으로

듣고 이해할 수 있는 나이'라는 뜻이다. 그런데 이 나이가 되면 귀가 순해지는 것이 아니라 급격하게 얇아진다. 합리적인 이해가 아닌 '카더라'에 솔깃해지는 게 현실이다. 직장에서는 자신에 대한 평가에 귀가 쏠리고, 밖에서는 '누가 무엇을 했더니 별이가 좋다더라'에 귀가 쫑긋 선다.

아래의 두 가지 상황은 직장인이라면 누구나 공감할 만한 일반적인 상황이다.

상황 하나. 직장 생활을 하다보면 욱하는 순간이 한두 번이 아니다. 급여에 대한 불만, 자신에 대한 부당한 대우, 내 성과를 쏙 뽑아 얄밉게 자신의 것으로 만드는 상사의 횡포 등등. 모든 직장인이 이런 상황을 겪는 게 한두 번이 아니다.

내가 여기 아니면 다른 데 못 갈 줄 알아? 여기 말고도 더 많은 돈을 줄 직장은 널렸어. 내가 저 인간 싫어서 이 회사 때려치운다. 차라리 내가 회사를 하나 차리지 등등. 생각할수록 가슴이 뛰고 얼굴이 벌게진다. 언젠가부터 구직 사이트를 클릭하는 시간이 길어진다.

상황 둘. 재직 중인 친구를 만난다. 늘 쾌활하던 친구의 얼굴에 근심과 걱정이 가득하다. 취기가 어느 정도 오르니 하소연을 한다. 어떤 이유로 일이 안 풀려 고민이라고. 그 말을 듣고 반사신경처럼 당신 머릿속에 떠오르는 생각은 '나라면 번개처럼 해결할 텐데!'일 것이다. 십중팔구 그렇다.

그 생각 속에 담긴 것은 무엇일까?

엄청난 자신감, 타의 추종을 불허하는 업무 능력, 자신의 성공 경험…. 쉽게 말해 자신의 능력에 대한 믿음이다. 다시 말해 타인에게 없는 나만이 가진 자신감이다.

이 두 상황은 자신을 엄청난 능력자라고 생각하게 만든다. 능력도 있으니 이직도 쉬울 것이고, 이직 후에는 멋지게 자신의 능력을 보여줄 수 있을 거라고 자신한다.

하지만 차분히 생각해보자. 과연 당신만 그 능력을 가지고 있을까? 친구의 회사에서는 당신이 생각한 방법을 전혀 모르고 있었을까? 당신이 생각한 방법이 완벽한 해결책이 될 수 있을까? 그리고 당신을 반길 회사가 여기저기 널려 있을까?

안타깝게도 그건 상황 회피적 자기합리화에 불과하다. 욱하는 마음 때문이라면 절대 은퇴를 권하지 않는다. 세상은 그렇게 호락호락하지 않다.

능력이 뛰어나 이직에 성공하더라도 혼자 상상하던 청사진을 현실에 적용할 수 있을까? 무수한 견제 세력과 텃세에 잘 적응할 수 있을까? 이직 후 머지않아 또 구직 사이트를 클릭하지 않을 자신이 있는가? 안타깝게도 나이가 들고 직위가 높을수록 타율은 떨어지게 마련이다.

당신의 업무와 소속 회사의 분야가 비전이 있는지, 당신이 정말 잘하고 즐겁게 할 수 있는 분야는 무엇인지, 내가 정말 가치를 두고 있는 분야는 무엇인지 등의 고민을 병행하는 은퇴라면 응원한다.

인생 전반에 대해 돌아보고 자신이 진짜 주인공이 되기 위한 고민을 시작할 때가 은퇴를 진지하게 고려해야 할 때라고 감

히 말할 수 있다. 이런 은퇴를 진지하게 고민하고 있다면, 이후
내용을 통해 그 답을 찾아가자.

현실을 부정하면 원하는 미래를 만들 수 없다. 현실을 인정할 때 비로소 원하는 미래를 만들 준비가 된다. 준비하지 않은 은퇴는 불행의 시작이다. 몸도 마음도 젊은 시절과 다를 수밖에 없다. 세상은 변한다. 당신도 변해야 한다. 현실을 직시하고, 꿈꾸는 미래를 개척해야 한다. 은퇴를 막연히 피하고 싶은 단어가 아닌 희망의 단어로 만들어야 한다.

자신에 대한 정의를 바꿀 만큼 심대한 변화는
단순히 삶과 사고방식의 사소한 변화가 아닌,
총체적 탈태(脫態)를 요구한다.

— 마사 베크

STEP 2

목표

은퇴 후, 당신의 꿈은 무엇인가?

어릴 적에는 꿈이 있었다. 하지만 성인이 되고 바쁜 직장 생활을 하면서 꿈을 갖는다는 것은 사치였다. 은퇴는 다르다. 당신이 당신 삶의 질을 결정할 수 있는 마지막 기회다.

지피지피
백전불태

거부할 수 없는 은퇴, 준비되지 않은 상황에서 맞이하는 은퇴가 현실이 된다면 어떤 생각이 들까. 그야말로 한겨울 따뜻한 집에서 갑자기 폭설과 찬바람이 부는 밖으로 떠밀려나는 상황과 같다. 갈 곳도 없고 어디로 가야 할지도 모른다. 더 이상 두툼한 겨울 외투도, 기댈 곳도 없다. 그게 현실이 될 수 있다.

주위를 보면 따뜻한 곳은 얼마든지 있다. 창문 안쪽의 환한 불빛 속에서 얇은 옷을 걸친 사람들이 웃고 떠든다. 그 모습을 보니 부럽기 그지없다. 얼마 전 당신의 모습이다. 창 밖에 서 있는 당신은 딱 성냥팔이 소녀의 처지다.

그렇다고 밖에 있는 사람들이 다 성냥팔이 소녀는 아니다. 고급 세단을 타는 사람도 있고, 두툼한 외투를 걸치고 겨울을 즐기며 걷는 사람도 있고, 자녀의 손을 잡고 가는 사람도 있다. 차

가운 환경을 두려워하는 기색은 찾아보기 힘들다.

반면 추운 겨울에 무엇을 해야 할지 몰라 방황하는 사람도 있다. 사랑하는 자녀에게 얼마 안 되는 용돈을 주는 것조차 망설이는 사람도 있다.

준비되지 않은 겨울은 추울 수밖에 없다. 목적지도, 안주할 곳도 없는 상황이라면 더 춥다. 겨울, 즉 상대(彼)를 알지 못하고 뛰쳐나온 사람은 거의 대부분 성냥팔이 소녀의 처지가 된다. 당신은 어떤 모습이기를 원하는가. 이 상황에서 당신은 무엇을 깨달았나.

그렇다. 상대를 알고 또 상대를 알면 백 번 싸워도 위태롭지 않다(지피지피 백전불태 知彼知彼 百戰不殆). 상대를 안다는 것은 은퇴 후의 현실을 아는 것이고, 위태롭지 않다는 것은 은퇴 후의 현실을 제대로 준비했다는 뜻이다. 무엇보다 은퇴 이후의 삶을 철저하게 이해해야 한다.

돈을 버는 것은
수단일 뿐이다

주변 사람들에게 은퇴 후의 계획을 물으면 대부분 한숨부터 쉰다. 결국 어떻게 먹고 살까에 대한 걱정이다. 은퇴 후의 삶은 오로지 생존 문제로 좁혀진다. 왜 그렇게 소극적일까. 꼭 그렇게 살아야 할까? 꿈꾸는 건 돈도 안 드는데 말이다.

일단 '은퇴 후의 삶'에 드리워진 잿빛을 거둬내자.

그리고 은퇴 후 당신이 꿈꾸는 삶을 생각해보자.

매월 돈이 따박따박 들어오는 건물주? 나쁘지 않다. 주구 장창 질릴 때까지 여행 다니고 골프 치기? 나쁘지 않다. 그런데 이보다 조금 더 멋지게 삶을 즐길 수 있는 방법이 있지 않을까?

생각해보자. 어릴 적 혹은 학창시절의 꿈, 당신이 진짜 행복할 수 있는 그 꿈, 사회에 나와 죽어라 일만 하느라 미룰 수밖에 없던 그것을 꿈으로 구체화해야 한다.

돈 버는 것도 중요하지만 돈은 단지 수단일 뿐이다. 돈 자체가 목표는 아니다. 그렇다고 꿈 때문에 돈 버는 것을 차선으로 미루라는 것은 아니다. 돈벌이와 꿈을 병행할 수 있는 방법을 찾자는 것이다.

내 이야기를 조금 더 해보겠다.

사회생활 초반, 잡지 기자라는 직업은 마약과 같았다. 기자 타이틀 덕분에 만나기 힘든 사람도 만날 수 있었고 가기 힘든 곳도 갈 수 있었다. 일은 무척 고되었다. 매월 마감이 닥치면 사나흘씩 밤을 새는 것은 당연했다. 체력도 받쳐 주는 데다 선배들과 함께 일하는 게 재미있어 힘든 줄도 몰랐다. 마감 때가 되면 으레 원고를 채우느라 가슴을 졸이는데 나는 그게 그렇게 재미있었다.

두 번째 잡지사로 이직해 편집장이 되었다. 편집장은 일선 취재보다는 주로 매체를 담당하는 관리직이다. 열심히 했다. 서른 중반에 편집장이 되었고 마흔 살에 임원이 되었다. 그런데 직위와 직책이 오를수록 일이라는 게 끝이 없었다. 아침에 출근하면 하루에 해야 할 일을 분배했다. 오전에 할 일, 오후에 할 일, 밤에 할 일… 출근 시간은 있지만 퇴근 시간은 없었다.

자정을 넘겨 퇴근하는 경우도 많았고, 왕복 네시간 운전 시간을 수면 시간으로 바꾸기 위해 사우나에서 자는 날들도 많아졌다. 건강이 나빠지기 시작해서 결국 회사 옆에 오피스텔을 얻었다. 그렇게 몇 년을 일했다. 그래도 일이 마냥 좋았다.

그러던 어느 날 밤 아내에게 전화가 왔다. 아들이 오늘 아빠가 집에 오는 날이냐고 묻는단다. 생각해보니 아이들이 유치원에 다닐 때부터 사우나를 전전했는데 어느새 고등학생이 되어 있었다. 연로하신 부모님이 복용하는 약은 갈수록 늘어가고 어머니는 치매 초기 증상까지 있었지만 나는 최소한의 케어조차 하지 못했다. 집은 평일에 한두 번 갔고 주말이면 부모님 댁에 가서 밀린 잠을 잤다. 그런 생활을 도대체 몇 년을 한 것인가. 이게 정말 행복한 삶일까.

꼬박꼬박 통장에 들어오는 급여와 명함에 박힌 직책 때문에 내 개인적인 삶을 포기하고 있는 것은 아닐까? 나는 퇴사를 결정했다.

퇴사 즈음, 내가 하는 일의 본질과 내가 관심이 있는 부분, 그리고 내가 잘 할 수 있는 분야를 생각했다.

콘텐츠를 만드는 일은 기획이고 소통이다. 굳이 지면이나 디지털 기기에 갇힐 필요가 없었다. 기존에 하던 잡지 제작 외에도 코칭과 강의, 컨설팅, 유튜브 등 다양한 일을 새로 시작했다. 가장 중점을 둔 것은 나만의 브랜드를 만드는 것이었다.

기존의 방식과 다른 나만의 특성을 살려 브랜드를 만들었다. 이들 업무의 근간은 '코칭'이 되었다. '코칭'은 고객 스스로 답을 찾고 실행 계획을 찾아 문제를 해결하도록 하는 것이다. 개인적으로 사람과 조직을 변화시키는 데 코칭만큼 강력한 것은 없다고 믿는다.

당신이 원하는 '은퇴 후의 삶'은
어떤 것인가?

잠시 책 읽기를 멈추자. 대신 눈을 감고 천천히, 그리고 깊게 생각해보기를 바란다. 당신이 진짜 원하는 은퇴 후의 삶은 어떤 것인가?

이 질문은 '시간과 돈이 충분하다면 어떤 것을 해보고 싶은가?'라는 질문과도 맥을 같이한다.

만약 그것이 여행이라면, 여행을 주제로 상상해보자. 그동안 바빠 엄두도 못냈던 긴 여정의 여행, 혹은 파랗다 못해 투명한 바다가 보이는 리조트에서 만끽하는 여유로운 시간, 일등석 비행기를 타고 이동해 호화 크루즈에서 시간이 멈춘 듯 보내는 한가로운 시간, 캠핑카에 누워 쏟아질 듯한 별무리 감상, 대륙 횡단 열차를 타고 만끽하는 기차 여행….

당신이 꿈꾸는 은퇴 후의 삶은 지금까지 당신이 갈망했던 삶이다. 자, 앞에서 말했던 여행을 하는 당신을 다시 생각해보

자. 그렇게 멋진 여행만으로 만족하는가? 멋진 여행을 그렇게 갈망하는 이유는 무엇인가? 당신은 여행을 통해 무엇을 느끼길 원하나?

그 안에는 당신이 가장 중요하게 생각하는 가치관이 담겨 있다.

목적이 결과를 수반한다. 당신의 목표가 크고 구체적일수록 현실이 될 가능성은 높아진다. 당신이 진짜 원하는 은퇴 후의 삶(목표)은 어떤 것인가?

당신에게 '은퇴'는
어떤 의미인가?

지금까지 자신이 원하는 은퇴 후의 삶에 대해 생각해 보았다. 이 과정에서 구체적이지는 않지만 꿈과 목표가 생겼을 것이다. 그 삶을 살고 있는 당신의 모습을 그려보자. 그리고 다음 질문에 대해 스스로에게 진지하게 답해보자.

당신에게 은퇴는 어떤 의미인가?

우리는 살면서 '의미'에 관한 질문을 거의 해본 적이 없다. 질문 대신 오랫동안 시키는 대로 사는 삶에 익숙해졌고, 시키는 대로 잘하면 칭찬을 받았기에 따로 의미와 관련된 질문을 할 필요성을 못 느꼈다.

이제 의미에 대해 스스로 질문하고 답해보자. 당신에게 직장은 어떤 의미인가, 당신에게 가족은 어떤 의미인가, 당신에게 월급은 어떤 의미인가….

의미에 대해 파고들다 보면 깊은 생각과 성찰에 이르게 된다. 그 생각과 성찰은 내가 지금까지 어떤 삶을 살아왔고, 앞으로 어떤 삶을 살아야 할지에 대한 올바른 열쇠를 제공할 것이다.

의미를 묻는 질문은 본질에 대한 질문이기 때문이다. 우리는 이제껏 본질에 대한 성찰 없이 그저 무엇을 할까만 생각하는 삶을 살아왔다. 따라서 인생의 후반기를 앞두고 의미에 대해 스스로 질문하고 답하는 과정은 꼭 필요하다.

그 과정을 통해 생각과 성찰에 이르면 이후에 '무엇'을 '어떻게' 할 것인가에 대한 계획과 추진력을 얻을 수 있다. 막연히 의무적으로 하는 일이 아닌, 왜 해야 하는지에 대한 확신을 갖고 임하기 때문이다.

실질적인 은퇴 준비는 당신에게 은퇴가 어떤 의미인지에 대해 인식하는 것에서부터 시작해야 한다.

여행 잡지 편집장 시절, 편집장의 글에 이렇게 쓴 적이 있다. 여행은 명사임에도 시제를 가진다고. 여행이란 것은 여행을 계획하며 시작된다고. 그래서 힘든 현실도 이겨낼 수 있는 힘이 있다고. 그 여행이 언제 현실이 될지 모르지만 이미 여행은 시작된 것이라고. 그렇지 않은가?

마찬가지로 당신이 꿈꾸는 은퇴 후 삶의 시작은 은퇴의 의미를 찾는 것에서부터 시작한다. 퇴사나 정년퇴직을 하는 순간부터가 아니다. 등 떠밀려 준비하는 은퇴는 조급해져서 제대로 준비하기가 쉽지 않다. 하지만 꿈이 있고 준비된 계획이 있다면 잿빛이 아닌 광명이 될 수 있다. 누구나 다 겪는 은퇴지만 가슴으로 받아들이는 것은 다르다.

　세계적인 스포츠 에이전시 IMG의 마크 매코믹 회장의 저서 『하버드 경영대학원에서도 가르쳐 주지 않은 것들』을 보면 흥미로운 내용이 있다. 이 책에는 1979년 하버드 MBA 대학생들을 대상으로 '명확한 장래 목표를 설정하고 기록한 다음 그것을 성취하기 위해 계획을 세웠는가?'라는 설문 조사 결과가 소개됐다. 설문 결과 단 3%만 목표와 계획을 세우고 기록을 했다고 했다. 13%는 목표는 있지만 그것을 종이에 기록하지 않았다고 했다. 나머지 84%는 구체적인 목표가 없었다.

　10년이 지난 후인 1989년, 설문 조사 대상자들을 다시 찾았다. 결과는 놀라웠다. 목표는 있었지만 기록하지 않았던 13%는 목표가 전혀 없었던 84%의 졸업생보다 평균 두 배의 수입을 올렸다. 그리고 명확한 목표를 계획하고 기록했던 3%의 졸업생은 나머지 97%의 졸업생들보다 평균 열 배의 수입을 올리고 있었다.

　당신에게 '은퇴'는 어떤 의미인가. 행복 끝 불행 시작? 내가 진짜 살고 싶은 삶을 위한 출발점? 당신의 삶의 진짜 주인공이 되는 순간?

　그 의미를 찾는 것은 앞으로 당신이 은퇴를 맞이하는 방법을 찾는 데 가장 중요한 기준점이 된다. 자신에게 은퇴는 어떤 의미인지 반드시 생각하고 기억해야 한다.

상상해보자.
그 꿈이 이루어진다면
어떤 기분일까?

'생각의 힘'은 대단하다. 당연하면서도 놀라운 것은 현재의 삶은 당신이 생각하고 원했던 행동들의 결과라는 점이다.

그렇다면 미래도 내가 생각하는 대로 이루어질까?

당연하다. 그러므로 항상 자신이 원하는 바를 생각하며 살아야 한다. 슬픈 삶을 생각하면 슬픈 삶을 살게 되고, 행복한 삶을 생각하면 행복한 삶을 살게 된다.

내 책상 앞에는 고속도로 휴게소에서 본 문구가 하나 붙어 있다.

'생각을 조심하라. 운명이 된다.'

생각할수록 무서운 말이다.

우리 몸에는 100조 개가 넘는 세포들이 있다고 한다. 이 세포들은 대뇌의 지시를 받는다. 이 지시가 얼마나 강력한지 무의

식적인 생각에도 몸이 전부 반응한다고 한다. 즉 마음먹기에 달렸다는 것이다. 좋은 마음을 먹으면 세로토닌이, 즐거운 마음을 가지면 도파민이 생성된다. 생각은 그 사람의 몸은 물론 미래도 좌우한다.

일본의 유명한 뇌 과학자이자 이학박사이며 베스트셀러 작가인 모리 겐이치로의 저서 『이키가이』에서 '이키가이'는 '살다'의 의미인 '生きる(이키루)'와 '보람'이라는 뜻의 'がい(가이, 甲斐)'라는 단어의 합성어로 '살아가는 보람'이라는 뜻이다.

이키가이의 다섯 문장은 '시작하기(작은 일부터 시작하기)', '내려놓기(자아를 내려놓기)', '화합하기(화합과 지속 가능성)', '발견하기(작은 일들에서 발견하는 기쁨)', '충실하기(현재에 충실하기)'이다. '지금의 나'에서 '내가 바라는 나'로 발전하기 위한 프로세스를 말하는 것이다.

아직은 막연하지만 은퇴 후의 꿈을 떠올려 보자. 건물주가 되어 돈 걱정 없이 여유로운 생활을 하는 것은 꿈이 아니라 살아가는 수단일 뿐이다. 그렇게 모은 돈을 갖고 어떤 삶을 살 것인가가 꿈과 목표가 되는 것이다. 목표가 꼭 거창할 필요는 없으며, 꿈의 기준은 행복과 보람이 담기면 좋다.

내 목표는 좋아하는 여행도 실컷 하면서 소외된 이웃이나 환경 등에 봉사하는 것이다. 난 여행과 봉사에 대한 상상을 하면 가슴이 설렌다. 이 꿈은 돈을 벌어야 하는 이유가 된다. 현재 돈을 버는 것이 힘들어도 꿈이 있어 즐겁다. 목표 없이 돈만 모은다면 미래는 참 무미건조할 것이다.

당신의 삶의 목표는 무엇인가? 잠시 눈을 감고 생각해보자. 이제 어떤 기분이 드는가? 막연한 꿈, 허황된 바람이 아닌 현실로 만들 수 있다.

우리는 지금까지 살아오며 무엇(what)을 할 것인가, 어떻게(how) 할 것인가만 생각해 왔다. 본질, 즉 의미(why)에 대해 생각하지 않았다. 대학 진학에 열의를 보이지 않는 자녀에게 지금 성적을 올리기 위해 무엇을 해야 하는지, 어떻게 해야 하는지만 묻는다. 단 한 번이라도 이렇게 물어본 적이 있는가. '너에게 대학은 어떤 의미니?'

생각해보자. 당신에게 직장은 어떤 의미인가. 돈을 번다는 것은 어떤 의미인가. 당신 삶에서 당신이 주인공이 된다는 것은 어떤 의미인가. 의미를 생각하는 것은 당신이 진짜 그 일을 해야 하는 가장 근본적이고 자발적인 출발점이 된다.

여러분이 할 수 있는 가장 큰 모험은
바로 여러분이 꿈꿔오던 삶을 사는 것입니다.

— 오프라 윈프리

STEP 3

현재

당신의 객관적 가치는 얼마인가?

당신은 자신에 대해 얼마나 아는가? 직장을 벗어나 세상에 홀로 서야한다면 자신의 주관적 시각이 아닌 객관적 시각으로 스스로를 살펴봐야 한다. 자신에 대한 객관적 가치 인식은 곧 당신의 상품성이며 인생 2막을 멋지게 만들 수 있는 출발점이다.

중요한 것은
의욕의 잔고다

고등학교 친구로부터 점심 식사를 하자는 전화가 왔다. 반가운 마음에 먼저 잡힌 미팅을 미루고 약속 장소로 갔다. 영업을 하는 그 친구는 식사를 하는둥 마는둥 하며 요즘 왜 이렇게 일하기 싫은지 모르겠다고 하소연한다. 30대 때는 온 세상이 자기 것이라도 될 것처럼 열심히 달려도 피곤한 줄을 몰랐단다. 퇴근 후 동료들과의 술자리도 그렇게 좋았단다.

40대가 되어 어느 정도 높은 직위에 오르니 외근보다 내근이 많아졌다고 한다. 직접 현장에 나가서 뛸 만도 했지만 직위가 주는 아늑함도 있고, 세상 돌아가는 것에도 감이 떨어져서 잘 나가지 않게 되었다고. 거래처의 나이 어린 직원들과 아웅다웅하는 것도 내키지 않았던 데다 아래 직원들을 관리하는 것만으로도 충분하다고 생각했다고 한다.

그렇게 50대가 되니 일에 대한 의욕도 사그라지고 만사가 귀찮아졌다고 한다. 밑에서 치고 올라오는 후배들이 마음에 걸렸지만 그렇다고 이 나이에 다시 밖으로 나가 영업을 하기에도 모양새가 안 난다는 것이다.

50대가 된 또래들이 다 그런 비슷한 얘기들을 한다. 대부분 은퇴가 멀지 않았다는 걸 직감하는 시기다. 그런데 도대체 뭘 해야겠는지 모르겠다고 한다. 뭔가 하려고 마음먹더라도 귀찮아서 시도도 하지 않는 경우가 다반수다. 의욕이 없어서다. 그동안 죽어라 달려왔으니 지칠 만도 하다.

하지만 은퇴 후의 삶은 귀찮음을 핑계로 의욕의 부재를 합리화할 수 없는 상황이다. 통장에 돈이라도 넉넉히 들어 있다면 이야기가 달라질 수 있겠지만 대부분 가족을 부양하느라 그런 경우는 드물다. 게다가 넉넉한 잔고라는 게 사람마다 기준이 다르지 않나. 누구나 결핍감을 느낀다.

중요한 것은 통장의 잔고가 아니라 의욕의 잔고다. 통장의 잔고를 채우는 것보다 수십 배 어려운 것이 의욕의 잔고를 채우는 것이다.

의욕의 잔고를 채우는 가장 좋은 방법은 간절함이다. 당신에게는 지금 간절함이 있는가? 간절함도 없는데 희망 가득한 미래만 떠올린다면 만용이다.

상상해보자. 아침에 출근해서 여느 때처럼 컴퓨터를 켜고 이메일 체크를 한다. 인사팀에서 메일이 와있다. 인정하고 싶지 않아 애써 외면했던 퇴사 관련 메일이다. 어떤 기분이 들까. 만

일 그것이 내 경우라면 어떤 기분일까.

그동안 차근차근 은퇴를 준비해왔다면 비록 예기치 못한 소식이지만 오히려 의욕의 잔고는 더 올라갈 것이다. 하지만 그렇지 못한 상황이라면 의욕의 잔고는 바로 바닥을 찍을 것이다.

대내적 강점,
당신은 스스로를
얼마나 제대로 알고 있나?

당신은 스스로에 대해 얼마나 아는가. 막연히 아는 게 아니라 구체적으로 말이다. 회사가 아닌 회사 밖의 시장에서 당신은 얼마에 거래될 수 있을까? 이미 나이는 먹을 대로 먹었고 당신의 연봉을 감당해 줄 회사는 많지 않을 수 있다. 당신이 갖고 있는 능력을 인정해 줄 곳도 거의 없다. 당신의 처지는 절대 긍정적이거나 희망적이지 않다.

이건 지극히 일반적인 이야기일 뿐이며, 이직의 경우에 해당한다. 당신이 절대 무능하다는 이야기가 아니다.

당신의 가치는 물론 얼마든지 뛰어날 수 있으며 가치를 높일 방법 역시 무척 많다. 이 긍정적이고 희망적인 가능성을 현실로 만들기 위해서는 자신에 대한 정확한 이해에서 출발해야 한다.

'메타인지'는 1970년대 발달심리학자인 존 플라벨에 의해 만들어진 용어로 '자신의 생각에 대해 판단하는 능력'을 말한다. <논어>에 知之爲知之 不知爲不知 是知也(지지위지지 부지위부지 시지야)라는 문장이 있다. '아는 것을 안다고 하고 모르는 것을 모른다고 하는 것, 그것이 곧 앎'이라는 뜻이다. 사람의 무지함을 일깨우려 할 때 자주 인용되는 문장이기도 하다.

모르는 것을 아는 척하는 것도 위험하지만, 진짜로 위험한 건 내가 모르고 있다는 사실조차 모르는 것이다. 이것을 정확히 인지하는 능력이 메타인지다.

메타인지는 '전문가의 기본 소양'이기도 하다. 내가 정확히 아는 것과 정확히 모르는 것을 제대로 파악하고, 이를 끈질기게 탐구할 수 있어야 자신이 알고 있는 것에 대해 정확하게 표현해내는 힘이 된다.

봉준호 감독의 예를 살펴보자. 그는 대학에서 사회학을 전공했다. 그는 영화를 보다가 영화에 대해 제대로 알고 싶어 공부를 시작했다고 한다. 즉 자신이 모르는 것이 무엇인지 파악하고, 그것을 구체적으로 알기 위한 노력으로 공부를 한 것이다.

그는 영화를 만들며 자신이 '아는 것'을 정확하게 표현하려고 끊임없이 노력했다. 사람들이 그를 봉테일(봉준호와 디테일의 합성어)이라고 부르는 것은 이 때문이다. 봉준호 감독은 머릿속에 이미 그려 놓은 각도로만 촬영하기로 유명하다. 이미 머릿속에 있는 스토리보드가 영화로 표현되는 것이다. 실제로 그는 스토리보드를 꼼꼼히 그려놓고 그대로 촬영한다고 한다. 수백 수천 번을 그 장면에 대해 생각하고 알기 위해 노력했으며 구체적으로 어떤 상황인지 충분히 파악했기에 가능한 일이다. 영화의 각 장면은 이미 그의 머릿속에서 완성되어 있었던 것이다.

외국어 영화로는 역사상 최초로 아카데미 최고 작품상을 받은 <기생충>은 바로 그의 메타인지의 결과물이고, 그가 만든 영화를 통해 더욱 발전된 결과다.

지기지기 백전불태(知己知己 百戰不殆, 나를 알고 또 나를 알아야 백 번 싸워도 위험하지 않다)다.

은퇴 후 꿈을 이루기 위한 첫 번째 과정은 나에 대한 바른 이해부터 시작한다. 먼저 74페이지에 간단히 정리해보자.

당신의 조바심에 당부한다. 절대 생각만 하면 안 된다. 반드시 글로 적어야 한다. 글로 쓰기 위해서는 생각을 깊게 해야 하고, 쓰는 과정에서 자연스럽게 생각을 정리하게 된다. 이 과정이 중요하다. 그리고 글로 적을 때는 반드시 한 문장으로 명료하게 작성한다.

✚ 생각

'은퇴'라는 단어에 대해 어떤 생각이 떠오르나? 아마도 대부분 부정적인 생각이 먼저 떠오를 것이다. 물론 긍정적인 생각도 떠오를 수 있다. 하지만 이 생각을 구체적인 문장으로 나열해 본 적은 없을 것이다. 은퇴에 대해 천천히 생각을 전개하여 떠오르는 문장을 적어보자.

'현재의 급여만큼 벌 수 있을까?', '내 취미가 돈이 될까?', '부부가 함께 할 수 있는 것은 무엇일까?'처럼 의문문으로 작성한다. 다섯 가지보다 많다면 더 써도 좋다.

깊게 성찰하면서 구체적으로 솔직하게 적는다. 다시 당부하지만 생각만 하지 말고 꼭 적어보자.

이것이 은퇴와 관련한 당신의 긍정적 생각과 부정적 생각이다. 다시 읽어보자. 마음이 어떤가? 설사 부정적인 내용이 많아 마음이 편하지 않더라도 이 내용들은 온전히, 아주 철저히 당신의 생각이다. 그렇다면 이 생각들은 어디에서 왔을까? 여기서 적은 생각의 순서에 맞게 그 원인을 다음 단계에서 살펴보려고 한다.

'은퇴'를 생각하면 떠오르는 문장을 적어보자

1. _____

2. _____

3. _____

4. _____

5. _____

6. _____

7. _____

8. _____

9. _____

10. _____

은퇴에 관해 기록한 자신의 '생각'을 다시 한번 읽어보자. 각각의 생각을 문장으로 적은 이유가 있을 것이다. 이 이유를 파악하는 것이 무척 중요하다.

글로 적은 항목들을 자세히 살펴보면 각 생각들이 유기적으로 연결되어 있다는 것을 알 수 있다. 이번에는 이 생각이 떠오른 원인을 적어보자. 위에서 쓴 항목별 원인을 각각 적는다면 기록하는 데 훨씬 편하다.

전반적으로 은퇴에 대한 자신의 생각이 나오게 된 원인을 '수입에 대한 불안함', '경험이 없는 새로운 분야에 대한 불안함', '건강에 대한 불안함'처럼 작성한다.

즉흥적인 답변이 아니라 천천히, 깊게 생각한다. 자신의 경험이든 혹은 타인의 사례든 원인을 제공하게 된 사건도 분명히 있을 것이다. 다섯 가지가 넘는다면 역시 모두 적어본다.

생각 안에는 원인, 의도, 니즈가 있다. 이 패턴을 만드는 것이 자아(自我)로 번역되는 에고(ego)이다. 에고는 보편적으로 자기의 생명 보존에 기인한다. 에고의 생각은 하루 평균 약 2~3만 개가 나타났다가 사라지기를 반복한다고 한다. 그중 95%는 하루 이틀 전에 했던 생각들에서 기인하고 거기서 85%는 걱정이 원인이라고 한다.

걱정은 온전히 자신만의 사고방식에서 비롯한 것만은 아니다. 나쁜 유전자가 원인이거나, 가정, 직장 등에서 만들어진 사고방식이 습관화되어 나타나는 자연스러운 현상이다. 엄밀히 말하면 우리는 항상 원하지 않는 생각을 하며 산다는 뜻이다.

이렇게 타율적으로 학습되고 습관화된 사고방식에서 벗어나 이제는 나에게서 나오는 생각들로 새로운 사고방식을 만들어야 한다.

작성이 끝났으면 문장들을 다시 천천히 읽어본다. 어떤 기분이 드는가. 당신이 은퇴와 관련해 가지고 있는 생각을 만든 원인이다.

은퇴에 대한 생각이 나오게 된 '원인'을 적어보자

1. _____
2. _____
3. _____
4. _____
5. _____
6. _____
7. _____
8. _____
9. _____
10. _____

예상대로 은퇴 후의 삶은 생각만큼 녹록하지 않다. 막연히 돈 걱정 없이 행복하게 살겠다는 생각은 솔직히 말도 안 된다. 그냥 바람일 뿐이다. 자신이 원하는 은퇴 후의 삶을 위해서는 준비가 필요하다. 그 준비는 자신으로부터 시작한다.

앞서 은퇴와 관련된 당신의 생각과 그 원인을 파악해 보았다. 당신 자신에 대한 정확한 이해가 전제되어야 부족한 점을 알 수 있고 보완할 수 있다. 따라서 앞에서 작성한 '생각'과 '원인'의 내용을 글이 아닌 의미까지 숙지해야 한다. 만일 각 항목들에 대해 깊이 생각하지 못했다면 다시 앞으로 돌아가 읽고 숙지해야 한다.

은퇴에 대한 자신의 '생각'과 이 생각이 만들어진 '원인'의 항목을 충분히 숙지했다면, 그 다음은 자신을 성찰해보는 시간이다. 나의 단점이나 부족한 점은 무엇인가, 예를 들어 '소극적이다', '믿을 만한 사람이 없다', '계획성이 부족하다'처럼 적어보자. 다섯 가지가 넘는다면 역시 다 적는다.

나의 단점이나 부족한 점은 무엇인가?

1.
2.
3.
4.
5.
6.
7.
8.
9.
10.

당신의 대외적 경쟁력은
어느 정도인가?

당신은 자신을 세상에 내놓았을 때의 자신의 경쟁력을 얼마나 잘 알고 있는가? 이 경쟁력을 제대로 파악하기 위해서는 자신을 타인의 시각으로 바라볼 수 있어야 한다.

당신이 은퇴 후에 하고 싶은 것은 '욕구'다. 잘할 수 있는 것은 '능력'이다. 당신의 욕구는 무엇인가. 그리고 잘할 수 있는 능력은 무엇인가.

욕구와 능력이 일치된 일이라면 무척 만족할 만한 직업이다. 당연히 '열정'이 생긴다. 누가 시켜서 하는 것이 아니라 스스로 더 열심히 하게 되며, '몰입'의 즐거움도 느끼게 된다. 만일 여기에 '가치'까지 더할 수 있다면 그것은 정말 행복한, 꿈꾸는 직업이 될 것이다.

이 즐거운 로드맵을 만들어가기 위해서는 당신의 대외적

경쟁력을 잘 체크해야 한다. 직업은 혼자 하는 취미가 아닌, 외부나 다른 사람과 함께 해 나가는 일이기 때문이다. 꿈꾸는 직업을 갖고 싶다는 간절함을 담아 이후 단계를 작성해보자.

✚ 개인 자산 분석

자신에 대한 이해를 바탕으로 메타인지 관점에서 자신을 객관화해보자. 다음 네 가지 자산은 대외적으로 당신이 가진 강점이다.

먼저 당신이 살아오며 배운 것, 전문 분야, 숙련된 기술 등 <지식 자산>에 대해 정리해보자. 학창 시절 관심 분야의 지식, 대학 시절 전공과 관련된 지식, 어학 능력, 회사에서 받은 교육, 재직 중 업무를 하며 알게 된 지식과 노하우, 학원 혹은 모임, 책이나 온라인을 통해 배운 것, 업무에 사용했던 프로그램 활용 능력 등 될수록 많이 적는다.

다음은 <경험 자산>이다. 내가 직접 경험했던 것을 적는다. 교내 및 사내 모임, 어학연수, 국내외 여행, 군복무, 아르바이트, 인턴, 직장 생활, 모임, 취미, 각종 상훈과 관련된 내용 등 이력서에 기재했던 내용이다. 개인 SNS, 성패와 관련 없이 경험했던 다양한 시도도 모두 해당된다. 단순히 어디에서 무엇을 했는가가 아니라 그것을 하며 '경험한 것', '얻은 것', '활용한 것'을 모두 적는다. 이를테면 직장 생활을 하며 만든 성공 경험뿐만 아니라 그 이유는 무엇이었는지도 적는다. 이렇게 적어가면 경험 자산이 훨씬 풍요롭게 써질 것이다. 될수록 많이 적는다.

그 다음은 <인적 자산>이다. 실제 당신을 도와줄 수 있는 사람이 누구인지 생각해보자. 고등학교 친구, 대학교 동기 같은 인맥이 아닌 각 분야별로 당신을 도울 수 있는 사람이다. <인적 자산>은 당신이 일했던 분야에 많을 것이고, 전혀 무관했던 분야는 적거나 없을 수 있다. <인적 자산>에 해당하는 사람은 도움을 요청하면 도와줄 친분 정도를 쌓은 사람이거나, 필요한 분야의 전문가를 소개시켜 줄 수 있는 사람도 포함된다.

마지막으로 앞에서 기술하지 않았던 혹은 기술하기 애매했던 <기타 자산>을 적는다. 호탕한 성격, 호감을 이끄는 외모, 진정성 있는 목소리, 호소력 있는 언변, 리더십, 꼼꼼한 성격, 강한 체력, 집중력, 원활한 커뮤니케이션 능력 등이 해당된다.

중요한 것은 자신의 기준이 아닌 타인의 관점에서 기술해야 한다는 것이다. 가능하다면 당신을 잘 아는, 어느 정도 함께한 기간이 있는 사람들의 도움을 받는 것도 좋다. 자칫 혼자서 작성하다 보면 적은 내용이 자신만의 생각일 수 있지만, 반대로 주변 사람의 도움을 통해 자신도 모르는 자산을 발견할 수도 있기 때문이다.

자신이 갖고 있는 개인 자산 분석하기

지식 자산

경험 자산

인적 자산

기타 자산

개인 자산 분석을 통해 자신에 대한 기본적인 분석이 끝났다면 다음은 나를 보다 객관적으로 이해하는 과정이다. 직장 생활을 하면서 수없이 했던 SWOT 분석을, 사업이 아닌 자기 자신을 대상으로 작성해본다.

SWOT 분석은 미국의 경영컨설턴트인 알버트 험프리에 의해 고안되었다. 기업의 내부 환경과 외부 환경을 분석하여 강점, 약점, 기회, 위협 요인을 규정하고 이를 토대로 경영전략을 수립하는 기법이다.

SWOT 분석의 가장 큰 장점은 기업의 내·외부 환경 변화를 동시에 파악할 수 있다는 점이다. 기업의 내부 환경을 분석해 강점과 약점을 찾아내며, 외부 환경 분석을 통해 기회와 위협을 찾아낸다. 이 형식을 기업 대신 개인에 적용하는 것이다.

자신의 SWOT 분석표를 작성할 때 '내부 환경'은 이미 작성했던 당신의 개인 자산과 관련된 내용이다. '외부 환경'은 당신의 능력과 상황에 대한 외부와의 관계이다.

은퇴 후의 시장 대비 당신의 나이와 경력, 능력 등 개인 상황 및 자산과 관련된 외부(자신이 잘 아는 분야 혹은 관심 분야)와의 관계를 기술하면 된다. 만일 은퇴 후의 분야를 정했다면 더 구체적으로 작성할 수 있어 좋다. 지금까지와 마찬가지로 무엇보다 솔직하게 작성한다.

적는 방법은 어렵지 않다. 예를 들어 강점(S)은 '출판 분야

구분	일반적 SWOT	개인적 SWOT
강점 (Strength)	내부 환경(자사 경영 자원)의 강점	내부 환경(개인 자원)의 강점
약점 (Weakness)	내부 환경(자사 경영 자원)의 약점	내부 환경(개인 자원)의 약점
기회 (Opportunity)	외부 환경(경쟁, 고객, 거시적 환경)에서 비롯된 기회	외부 환경(대외적 개인 가치, 거시적 환경)에서 비롯된 기회
위협 (Threat)	외부 환경(경쟁, 고객, 거시적 환경)에서 비롯된 위협	외부 환경(대외적 개인 가치, 거시적 환경)에서 비롯된 위협

20년 경력과 은퇴 후에도 활용할 수 있는 많은 인맥', '온라인 출판 운영 5년 노하우 보유', 약점(W)은 '내성적인 성격으로 좁은 대인 관계', '협소한 전문가 네트워크' 식으로 작성하면 된다. 기회(O)는 '석사 과정 중', '스마트 팜에 대한 관심과 고향에 땅 보유', 위협(T)은 '가용 재산 부족', '약한 체력' 식으로 작성한다.

앞의 자산 분석과 겹치는 내용이 분명히 있을 것이다. 이렇게 계속 중복되는 내용은 자신의 대표적인 성향과 능력이라 볼 수 있다.

충분한 시간을 두고 작성하되 꼼꼼히 그리고 자세히 작성한다. 이 책을 다 읽고 은퇴 후 진로를 정했다면 이 페이지로 돌아와 다시 개인 SWOT 분석표를 작성해보길 강하게 권한다.

은퇴 후 진로 결정 전 개인 SWOT 작성하기

강점(S)

단점(W)

기회(O)

위협(T)

※ 진로 결정 전 SWOT과 진로 결정 후 SWOT을 비교해 보며 자신의 미래 기회를 찾아보자.

은퇴 후 진로 결정 후 개인 SWOT 작성하기

강점(S)

단점(W)

기회(O)

위협(T)

✚ 개인 SWOT 분석 대응 전략

SWOT 분석은 외부로부터의 기회는 최대한 살리고 위협은 회피하는 방향으로, 강점은 최대한 활용하고 약점은 보완한다는 논리에 기초를 두고 있다. 일반적인 SWOT 분석에 의한 경영 전략과 개인적 대응 전략은 다음과 같이 정리할 수 있다.

구분	일반적 경영 전략	개인적 대응 전략
SO 전략 (강점-기회 전략)	시장의 기회를 활용하기 위해 기업의 강점을 사용하는 전략 선택	시장의 기회를 활용하기 위해 개인의 강점을 사용하는 전략 선택
ST 전략 (강점-위협 전략)	시장의 위협을 회피하기 위해 기업의 강점을 사용하는 전략 선택	시장의 위협을 회피하기 위해 개인의 강점을 사용하는 전략 선택
WO 전략 (약점-기회 전략)	약점을 극복함으로써 시장의 기회를 활용하는 전략 선택	약점을 극복함으로써 외부 환경의 기회를 활용하는 전략 선택
WT 전략 (약점-위협 전략)	시장의 위협을 회피하고 약점을 최소화하는 전략 선택	외부 환경의 위협을 회피하고 약점을 최소화하는 전략 선택

앞에서 직접 작성한 개인 SWOT 분석을 바탕으로 개인의 대응 전략을 작성해보자. 지루할 수는 있지만, 은퇴 이후의 삶을 생각하며 충분한 시간을 두고 심사숙고해 다음 네 가지 항목을 구체적으로 적어본다.

네 가지 전략을 더 쉽게 풀어 쓴다면 다음과 같다. 개인 SWOT 분석을 위해 제시한 예를 바탕으로 전략을 풀어보았다.

SO 전략(강점-기회 전략, 강점을 살려 기회를 이용하기)은 예를 들면 '새로운 출판 전략 부문에서 온라인 마켓 노하우를 활용해 새로운 유통 시스템을 구축할 수 있는 능력 배양.'

ST 전략(강점-위협 전략, 강점을 살려 위협을 해소하기)은 예를 들면 '비용 절감을 위해 시스템 구축이 아닌 기존 유통 시스템에 고객을 세분화해 각 고객층이 스스로 콘텐츠를 만들도록 유도.'

WO 전략(약점-기회 전략, 약점은 극복하고 기회는 이용하기)은 예를 들면 '마케팅 및 유통 전문가 네트워크를 확장해 영업의 발판으로 활용.'

WT 전략(약점-위협 전략, 약점과 위협을 모두 극복하기)은 예를 들면 '대인관계가 좋은 조력자를 파트너로 만들어 영업은 물론 투자 혹은 동업.' 식으로 작성하는 것이다.

자신의 대외적 강점, 약점, 기회, 위협을 계속 생각하면서 작성해야 하는 과정은 무척이나 고되고 힘들다. 하지만 중요한 것은 이 과정을 통해 자신을 객관적으로 이해하는 것이다. 지금 SWOT 분석을 하는 독자 대부분은 은퇴 후 자신이 가야할 분야가 아직 정해지지 않았을 가능성이 높다. 그러므로 책을 읽고 난 후, 혹은 분야를 정한 후에는 꼭 다시 한번 대외적 분석을 해보기 바란다.

은퇴 후 진로 결정 전 개인 SWOT 분석 대응 전략

SO전략 (강점-기회 전략)

ST전략 (강점-위협 전략)

WO전략 (약점-기회 전략)

WT 전략 (약점-위협 전략)

※ 진로 결정 전 SWOT 분석 대응 전략과 진로 결정 후 SWOT 분석 대응 전략을 비교해 보며 자신의 미래 기회를 찾아보자.

은퇴 후 진로 결정 후 개인 SWOT 분석 대응 전략

SO전략 (강점-기회 전략)

ST전략 (강점-위협 전략)

WO전략 (약점-기회 전략)

WT 전략 (약점-위협 전략)

즐기는 자를 이길 수는 없다.
내 흥미와 적성은?

대내적인 나의 가치를 알고, 대외적인 나의 가치를 이해한 것만으로도 많은 성찰과 객관화가 이루어졌다. 이제 본론인 은퇴 후 내가 가질 직업을 이야기해 보자. 무작정 돈을 벌기 위해서만 하는 일은 쉽게 지친다. 자신의 흥미와 적성을 깨닫고 즐길 수 있는 직업을 택해야 한다. 그중 적성은 직업 선택에 유용한 지표다.

적성은 어떤 특정 활동이나 작업을 수행하는 데 필요한 능력의 발현 가능성 정도를 의미한다. 지능이나 일반적인 능력이 포괄적인 능력의 가능성을 지칭하는 것이라면, 적성은 구체적인 특정 활동이나 작업에 대한 미래의 성공 가능성을 예측해 준다.

자신의 적성을 보다 구체적으로 이해하기 위해서는 적성검사라는 툴이 상당히 유용하다. 교육이나 훈련을 받기 전 잠재적으로 갖고 있는 자신의 능력을 알아보는 검사이다.

적성검사는 특정 분야의 교육훈련이나 직업과 관련된 활동을 성공적으로 수행하는 데 필요한 특수 능력을 얼마나 갖추었는지 측정하기 위해 설계되었다.

각 적성 요인을 총괄적으로 측정해 자신이 어떤 직무에 적합한가를 알아보는 일반 적성검사와 각 적성 요인을 분리해서 개인이 어떤 특정 직무를 수행하는 데 필요한 능력을 갖추고 있는지의 여부를 측정하는 특수 적성검사로 나뉜다.

적성검사는 교육 효과를 높이고 생산성을 올리기 위한 자료로 각 개인의 능력이나 인격 특성에 알맞은 지도와 조언을 하기 위한 자료로 사용되기도 한다.

이 검사는 인터넷에서 누구나 바로 할 수 있다.

고용노동부 워크넷(www.work.go.kr)에서는 20여 종의 심리검사를 개발해 무료 서비스로 제공하고 있다. 검사 완료 후 바로 결과도 볼 수 있다. 홈페이지에서 문의와 상담도 가능하며 가까운 고용센터에서 유료로 상담 서비스를 받을 수도 있다.

중소벤처기업진흥공단 기업인력애로센터(job.kosmes.or.kr)에서도 무료로 적성검사를 할 수 있다.

인적성검사의 경우 30분간 총 250문항, 직무능력검사의 경우 60분간 총 50문항을 직접 풀고 결과도 확인할 수가 있다.

커리어넷(www.career.go.kr)에서는 진로심리검사 메뉴에서 대학생·일반용을 클릭하면 진로개발준비도검사, 주요능력효능감검사, 이공계전공적합도검사, 직업가치관검사 등 총 네 개의

검사를 할 수 있다. 유료 테스트보다 세부적인 내용과 결과 상담까지 가능한 곳이 많다.

수많은 성공 경험은 자신을 과대포장하게 만든다. 그럴 수밖에 없다. 당신은 그 성공으로 인해 많은 사람들에게 칭찬과 부러움을 받았고 으쓱해졌기 때문이다. 그리고 이런 사례가 한두 번이 아니다. 생각해 보자. 지금까지 이룬 당신의 성공 사례와 당신이 스스로 평가한 가치가 외부에서도 그렇게 받아들여질까? 안타깝게도 그건 당신만의 생각일 수 있다. 나의 가치를 객관적으로 아는 것이 중요하다.

STEP 4

사례

성공 사례에서 힌트를 찾아보자

은퇴 후 멋지게 꽃 핀 성공 사례를 보면서 당신의 막연했던 은퇴 계획을 구체적으로 꿈꿀 수 있다. 앞으로 소개하는 열 명의 성공 사례는 단순한 부러움의 대상이 아니다. 꼼꼼하게 뜯어보고 비교하면서 자신의 꿈을 투영해야 한다.

지금까지 당신의 대내적, 대외적 분석을 통해 객관화하는 시간을 가졌다. 애매했던 당신의 능력을 구체화하는 시간 이었다. 싸움터에 나가기 전에 자신의 힘이나 능력 등을 파악하지 못하고 용맹함만 내세워서 싸운다면 패배는 불 보듯 뻔할 것이다.

은퇴 후의 직업을 선택하기 전, 이 선택에 가장 효과적인 도움을 줄 수 있는 팁은 은퇴 후 창업과 창직에 성공한 사례를 직접 살펴보는 것이다. 모두 당신과 똑같은 직장 생활을 했지만 지금은 돈은 물론 행복과 보람까지 일구어내며 은퇴 후의 삶을 만들어가고 있다. 열 명의 인터뷰에서 힌트와 용기를 얻기 바란다.

자본금 200만 원 미만, 은퇴 전보다 훨씬 높은 수입!
청소업체 성공적으로 운영해요

Q 하시는 일을 설명해 주세요.

거주 청소라고 하는데 입주 청소, 이사 청소 등 홈 청소를 위주로 하고 있어요. 냉장고, 에어컨, 세탁기 등 가전제품 청소도 하고 비둘기 배설물 청소는 물론 비둘기가 다시 못 오게 하는 작업까지 합니다. 깨끗한 주거 환경에 살고 싶지만 바쁘게 살다 보니 제대로 청소를 못 하고 사는 분들이 많아요. 요새는 코로나19 영향 때문에 소독에 대한 관심도 커져서 소독도 같이 하고 있습니다.

Q 은퇴 전에는 어떤 일을 했나요?

총무 경리 쪽, 특히 자금 분야를 오래했습니다. 예전에는 경리 분야가 기술직, 전문직이었죠. 내가 금융기관을 열심히 뛰어다니지 않으면 회사 운영에 문제가 생길 정도였어요. 거기에서 가장 중요한 것은 절실함입니다.
이게 내 직업이고, 이 직업으로 끝을 보겠다는
절실함이 있어야 합니다. 이 일을 하다 보니,
조금 해보다 힘들면 돈을 덜 벌더라도
쉬운 일 하겠다며 포기하는 젊은 분들이 많아요.
그래서는 안 됩니다.

오는 스트레스가 어마어마했었죠. 자면서도 업무와 관련된 꿈을 많이 꿨어요. 그만큼 스트레스가 컸던 거죠. 그런데 어느 순간 컴퓨터가 도입되고 관련 프로그램이 나오더니 내 업무가 더이상 기술직도 전문직도 아니라는 생각이 들더라고요. 은퇴는 8~9년 전에 했어요.

Q   청소라는 직업을 어떻게 선택하게 됐습니까?

은퇴 후 앞으로 최소 40년 이상을 먹고 살아야 하는데 무엇을하며 살아야 할지 많은 고민을 했습니다. 이것저것 해보다가 20여 년 전에 청소와 관련된 신문 기사를 스크랩한 게 떠올랐어요. 청소 기술을 제대로 배워야겠다는 마음으로 청소 학원에 등록했죠. 물론 청소 전문가를 따라다니며 배울 수도 있지만 그렇게 되면 그 사람이 가지고 있는 기술과 지식밖에 배울 게 없다고 생각했어요. 그래서 학원을 선택했습니다. 물론 학원 교육이 끝난 후에 전문가들을 따라다니며 실무적인 걸 더 배웠죠.
학원의 교육 프로그램은 2주 정도로 구성되어 있어요. 청소법, 약품 사용법, 장비 사용법은 물론, 에어컨 분해 방법, 화장실 줄눈이 청소 등 다양한 방면의 기술을 배웁니다. 실습하는 과정도 있어요.

Q   힘든 점은 없었나요?

사실 나이 때문에 좀 힘들었습니다. 체력이 문제가 아니라, 학원 교육 수료 후 전문가를 따라 다니며 배워야 하는데 내가 나이가 좀 있다 보니 선뜻 써주는 사람이 없었던 거예요. 그래서 어쩌다 기회를 주시는 분이 있으면 정말 열심히 했습니다. 젊은 사람보다 더 열심히 했어요. 그렇게 했더니 다음에 또 불러주시더라고요. 그렇게 열심히 해서 실무적인 일들을 배울 수 있었습니다.

Q   창업 비용은 얼마나 들었나요?

학원 수료 후 4~5개월 만에 창업했습니다. 어차피 창업을 하긴 할건데 굳이 미룰 필요가 없다고 생각했죠. 장비를 구입해 바로 시작했습니다. 청소업은 창업이 굉장히 쉬워요. 이게 무척 큰 장점이죠. 몸으로 하는 일이니 망할 일도 없습니다. 처음에 간단히 시작할 때는 200만 원 미만이면 됩니다.

Q   창업 후 어떻게 영업했나요?

창업한다고 바로 일이 생기는 건 아니죠. 일이 있으면 하고 일이 없을 때는 다른 분을 도와드렸어요. 내 일을 만들기 위해 일단 입주를 시작하는 신축 아파트를 뛰어다녔어요. 엘리베이터를 타고 제일 위층으로 올라가 명함과 전단지를 꽂으며 내려왔죠.
청소 관련 홍보는 부동산 중개소를 중심으로 많이 했습니다. 부동산에서 청소 업체 소개를 많이 하기 때문에 여러 부동산을 다니며 사각형 티슈를 선물했죠. 명함만 드리면 버릴 수 있으니 사각형 티슈에 상호와 이름, 연락처를 적었습니다.
나는 인터넷은 잘 몰랐기 때문에 발로 뛸 수밖에 없었어요. 정말 열심히 뛰어다녔습니다. 지금은 홈페이지를 만들어서 홈페이지로도 의뢰를 받고 있어요.

Q 인터넷 홈페이지 외에 의뢰는 어떻게 이루어지고 있나요?

감사하게도 고객이 고객을 추천해 주는 경우가 상당히 많아요. 보통 집 청소의 경우 작은 곳은 하루 두 세대를 하기도 하고 여름철 에어컨 청소는 혼자 하루에 5~6곳을 합니다. 그렇게 내가 만나는 고객이 1년에 400~600명 선입니다. 그 정도의 고객이 매년 쌓이는 거죠. 이 고객들이 또 다른 고객을 추천해 주시는 거예요. 내가 잘만 하면 나의 진성 고객은 얼마든지 만들 수 있습니다.

Q 일이 많은데 힘들지 않나요?

나이도 있으니 너무 욕심내지 말고 쉬어가며 해야 해요. 3년 전까지만 하더라도 한 달에 두 번 정도 쉬었는데, 요즘은 일주일이나 열흘에 하루는 쉽니다. 그래도 월 평균 25~26일 정도 일을 하죠. 보통 아침 7시 반에서 8시 사이에 일을 시작하고 빨리 끝나는 날은 오후 2~3시, 늦게 끝나면 오후 7~8시까지 작업합니다.

Q 청소업의 전망은 어떤가요?

전망이 참 좋습니다. 집, 건물, 복도, 자동차 등 눈에 보이는 게 모두 청소가 필요한 곳이거든요. 그런데 사람들은 갈수록 바쁘게 살아야 하니 본인이 혼자서 해결을 못하는 거예요. 그래서 수요는 계속 늘어날 수밖에 없습니다. 이 일을 하면서 드는 생각이 '20년 전에 시작했으면 좋았을 걸' 하는 후회를 하곤 합니다.

Q   수입은 어떤가요?

예전 직장 생활을 할 때보다 훨씬 낫죠. 집에 생활비 주고 내 노후 자금 저축하고 내 용돈 쓰는 데 불편함이 없을 정도입니다.

Q   청소업을 하며 가장 중요한 것은 무엇이라고 생각하나요?

가장 중요한 것은 절실함입니다. 이게 내 직업이고, 이 직업으로 끝을 보겠다는 절실함이 있어야 합니다. 이 일을 하다 보니, 조금 해보다 힘들면 돈을 덜 벌더라도 쉬운 일 하겠다며 포기하는 젊은 분들이 많아요. 그래서는 안 됩니다. 그리고 꼼꼼한 성격이 필요해요. 또 기본적으로 몸으로 해야 하는 일이니 건강이 받쳐줘야 하죠.

◀ QR코드를 눌러 실제 인터뷰를 살펴보세요

CJ 임원 퇴사 후 코칭 펌 만들었죠. 수입과 만족도 단연 최고예요!

Q   코칭이란 무엇인가요?

코칭이 우리나라에 회자된 게 히딩크 감독이 박지성 선수를 키운 때부터였어요. 히딩크는 박지성의 잠재성을 발견하고 박지성에게 영감과 동기를 주며 내적 동기를 키워줬던 거죠. 이렇게 강한 지구력이 있으면 세계적인 선수가 될 것이라고 계속 메시지를 주었던 겁니다. 체구도 작고 의기소침했던 박지성은 마침내 세계적인 선수가 될 수 있었어요.

사람은 자기가 가진 능력의 5%도 사용하지 않고 있거든요. 코칭은 사람의 잠재성을 끌어내 자원으로 사용할 수 있게 만드는 것입니다. 코칭은 스스로 말을 하면서 스스로를 발견하고 스스로에게 동기를 부여해서 행동하게 하는 지극히 자발적인 것이에요. 그래서 지속가능합니다. 그런 점에서 티칭이나 트레이닝, 컨설팅과는 다릅니다.

사실 어렸을 때 선생님이 되고 싶은 꿈이 있었는데
삼성에 입사하며 그 꿈을 접게 되었죠. 그래서 은퇴 후에
교사나 교수가 되고 싶은 막연한 꿈이 있었는데,
코칭을 하며 그 꿈이 딱 맞아떨어진 거예요.
지금 정말 행복합니다.

Q 기억에 남는 코칭 사례를 소개해 주세요.

2020년 1월에 만난, 연매출 약 600억 원 규모의 회사가 떠오르는군요. 회장님은 임원들이 당신의 마음처럼 움직이지 않는다고 하면서 임원을 대상으로 8회 그룹 코칭을 의뢰했어요. 2주에 한 번씩 코칭을 했는데 정말 놀라운 결과를 만들어냈죠. 창립기념일 행사 때 발표까지 했습니다.

회장님이 얘기할 때는 안 되었던 게 코칭을 통해서, 그 분야에 대해 전혀 모르는 외부 코치를 통해 이루어진 것이죠. 임원진 코칭 후 모든 팀의 핵심 인재들에 대해 교육과 코칭을 하고 있습니다.

Q 은퇴 전에는 어떤 일을 하셨나요?

마지막으로 CJ에서 임원으로 근무했었죠. 보통 임원은 성과로 근무 지속 여부가 결정되는 임시직이에요. 그래서 연말연시가 되면 임원들은 불안합니다. 많은 사람들은 내가 프레시웨이 단체급식 본부장으로서 조직문화 점수, 영업이익 구조도 상당히 좋아 계속 승승장구할 것으로 생각했어요.

2010년 말에 2011년 전략보고를 발표했는데 대표이사와 임원들로부터 큰 박수를 받았어요. 그런데 30분 후 대표이사가 불러 가보니 제게 퇴임 명령을 알리더군요. 저의 퇴임 명령을 미리 알고도 전략보고를 발표하게 한 것입니다. 저는 평생 CJ에 있을 거라고 생각했었지만 그렇게 그만두었죠.

Q 코칭은 어떻게 하게 되었나요?

코칭은 CJ 재직 중에 이미 시작했었어요. 기업에서 임원을 하면 2년 자문역을 줍니다. 일정 기간 월급을 주는 시스템인 거죠. 산에 다니며 셀프 코칭을 많이 했습니다. 퇴임이 결정된 후 경쟁사로 가기로 하고 연봉 협상까지 거의 다 된 상태였어요. 하지만 셀프 코칭을 하며 얻은 결론은 '어차피 직장 생활은 다 같은데 굳이 또 할 필요가 있을까'였습니다. 그래서 비즈니스 코치라는 브랜드로 은퇴 후의 삶을 결정했던 거죠.

대학원에 진학 후 공부하면서 많은 단체와 사람들을 알게 되었어요. CJ푸드빌에서 많은 거래처와 일했는데, 은퇴 후에 거래처 대표님들이 굉장히 많이 도와주셨죠. 제게 특강과 코칭을 부탁했고 저는 대부분 무료로 해주었어요. 성북구청 같은 기관에서도 리더십, 코칭 등을 무료로 많이 했죠. 제가 코칭 펌을 만드니까 그때 그분들이 고객사를 많이 소개시켜주셨어요. 무료 봉사가 영업 아닌 영업이 되었던 셈이죠.

Q 현재의 삶에 만족하시는지요?

대기업에서 임원으로 근무한다는 것은 그야말로 긴장의 연속입니다. 은퇴 후 6개월 동안 산에 다니며 수행을 많이 했어요. 생각해보니 그 시간이 제게 인생의 전환기라는 굉장한 선물을 주었던 거예요. 사실 어렸을 때 선생님이 되고 싶은 꿈이 있었는데 삼성에 입사하며 그 꿈을 접게 되었죠. 그래서 은퇴 후에 교사나 교수가 되고 싶은 막연한 꿈이 있었어요. 코칭을 하면서 그 꿈이 딱 맞아떨어진 거예요. 지금 정말 행복합니다.

Q   수입은 얼마나 되나요?

많아요. 임원을 했을 때보다 훨씬 많습니다. 몇 배. 정말 감사하죠. 저는 그것을 내가 만든 수입이라고 생각하지 않아요. CJ에서 27년 일했는데, 그 때 브랜딩 조각들이 맞춰졌고 코칭으로 연결되어 시너지를 일으켰다고 생각합니다. 아무 경험 없이 코칭만 했다면 불가능했을 거예요. 이 자산은 CJ에서의 27년이 더해진 결과인 셈이죠.

Q   코칭의 전망은 어떤가요?

코칭은 AI도 대체할 수 없어요. AI는 데이터의 축적을 기반으로 하지만 코칭은 1,000명에게 물으면 1,000개의 답이 나옵니다. 코칭의 전망은 매우 밝아요. 기업부터 가족에 이르기까지 대상에도 제한이 거의 없습니다. 예전에는 대기업 중심으로 코칭 시장이 형성되었는데, 요즘은 10인 이하 스타트업에서도 코칭을 의뢰하는 경우가 무척 많아요. 시장은 계속 커지고 있습니다.

Q   어떻게 코치가 될 수 있었나요?

코치에도 몇 단계의 자격증이 있습니다. 먼저 한국코치협회에서 승인한 프로그램을 교육하는 코칭 펌에서 이 프로그램을 이수해야 합니다. 그 후 일정 기간 실습을 한 후 필기시험과 실기시험을 통해 자격증을 취득할 수 있어요. 블루밍경영연구소에서도 교육 프로그램을 운영 중입니다. 중요한 것은 살아온 삶이 그 사람의 브랜드 조각이라는 거예요. 거기에 코칭을 얹는 거죠. 그래야 좋은 코치가 될 수 있습니다.

블루밍경영연구소에는 다문화 가정에 선한 일을 하고 있는 가수 코치(인순이)가 있고, 보이스 코칭을 하는 배우 겸 코치도 있고, 디자인싱킹 코칭을 하는 디자인학과 교수 겸 코치도 있습니다. 특화된 자신만의 경험에 코칭을 올려야 경쟁력 있는 코치가 될 수 있어요.

◀ QR코드를 눌러 실제 인터뷰를 살펴보세요

SK 중국 법인장 시절 얻은 아이디어로
은퇴 후 청나라 진상품 하미과와 수박 재배합니다!

Q   하미과라는 이름이 낯설어요. 어떤 과일인가요?

중국의 하미라는 곳에서 생산되는 멜론의 일종이에요. 그곳 사신이 청나라 황제에게 진상품으로 보냈는데, 맛있게 먹은 황제가 하미에서 나오니 하미과라고 이름을 지어줬다고 하더라고요. 하미 외에도 중앙아시아 지방에 비슷한 게 많이 재배되고 있어요. 우리나라에 소개된 것은 하미과입니다. 달고 아삭아삭한데 멜론과는 달라요. 당도는 15브릭스 이상만 판매하는데, 18브릭스까지 나오기도 합니다.

Q   은퇴 전에는 어떤 일을 했나요?

중국에 오래 있었어요. 한국과 중국이 수교한 뒤 얼마 지나지 않은 1994년에 SK 중국 법인 직원으로 중국에 들어갔다가 법인 대표로 은퇴했습니다. 중국에서 하미과를 처음 먹었는데 정

농업진흥청이나 문헌, 유튜브에도 없더라고요.

사람들은 무슨 그런 생각을 하냐며 게으른 농부라고 놀렸어요.

그런데 어느 날 초가지붕 위에 박이 열리는 걸 생각했어요.

매다는 게 아니라 없는다는 개념을 떠올렸죠.

그래서 틀을 만들고 그 위에 올려 키울 수 있지 않을까

생각한 거예요.

말 맛있어서 나중에 한국에 가면 키워서 먹어야지 했었죠.

Q   농사 경험이 없었을 텐데, 어떻게 시작했나요?

운 좋게 제천의 체류형 창업지원센터에서 배웠어요. 1년 간 월 20만 원에 13평 정도 되는 숙소와 연습을 할 수 있는 작은 텃밭을 지원해 줍니다. 일주일에 3일 정도 농사 교육도 시켜주고요. 농업 기술을 배우는 것도 유익했지만 무엇보다 문제가 생겼을 때 누굴 찾으면 되는지를 알게 된 게 큰 도움이 됐습니다. 1년이 끝나면 집도 구해야 하고 비닐하우스도 구해야 하죠.

Q   국내에 없는 과일이라 재배가 쉽지 않았을 텐데요.

중국은 수천 년간 농사를 지은 농업 강대국이에요. 생산이 안 되는 것이 없고 소비가 안 되는 것이 없죠. 우리나라 농촌진흥청과 비슷한 중국 사이트를 검색해 보니 파종부터 수확까지 자세히 설명된 동영상을 찾을 수 있었습니다. 그걸 보고 그대로 따라 했죠.

초기에 30평짜리 비닐하우스를 빌려서 시험 재배했어요. 일곱 개의 종자를 심었는데, 정말 맛있는 하미과를 딱 하나 수확할 수 있었어요. 그때만 하더라도 조생종, 중생종, 만생종을 모를 때라 같은 시기에 수확해야 한다고 생각했었거든요. 먹어 보고 가능성을 발견했고 재배를 해보기로 마음을 먹었죠.

처음엔 400평에 1,000여 개를 심었는데 200개 정도 수확하고 나머지는 다 버렸어요. 이듬해도 같았습니다. 포기해야 하나 고민도 많았어요. 그런데 2019년에 그런대로 결과가 좋아 수익이 좀 생기더군요. 2020년에는 성과가 매우 좋았습니다. 생산된 하미과는 전량 신세계 백화점으로 납품하고 있어요.

Q   지역 주민과 어떻게 친하게 지내셨나요?
지역 주민들의 일을 많이 도왔습니다. 아주머니 한 분이 농사를 3천 평 짓는다고 하기에 사부님이라고 하니 좋아하시더군요. 그렇게 친해졌어요. 그 덕에 교육이 끝나고 주민의 도움으로 비닐하우스도 빌릴 수 있었어요. 지역 분들은 수박 농사를 많이 짓는데 제가 키우는 게 수박이 아니어서 잘 받아주셨어요.

Q   수박 농사와 관련해서 특허도 받았다고 들었습니다.
수박 농사하는 곳에 봉사를 갔는데 정말 힘들더라고요. 수박이라는 게 땅에서 키우기 때문에 쪼그려 앉거나 엎드려 일해야 하거든요. 남자들은 그 자세로 일하기가 힘들어요. 다른 방법이 없을까 생각했죠. 땅바닥에서 키우지 않고 위로 키워서 농사지을 수 있는 방법을 찾아봤어요.
농촌진흥청이나 문헌, 유튜브에도 없더라고요. 사람들은 무슨 그런 생각을 하냐며 게으른 농부라고 놀렸어요. 그런데 어느 날 초가지붕 위에 박이 열리는 걸 생각했어요. 매다는 게 아니라 얹는다는 개념을 떠올렸죠. 그래서 틀을 만들고 그 위에 올려 키울 수 있지 않을까 생각한 거예요. 그 아이디어로 '고상재배'라는 이름의 특허를 받았어요. 특허로 받는 수입도 쏠쏠해요.

Q   은퇴 후 농사, 경제성이 있을까요?

현실을 잘 알아야 해요. 벼농사를 1,000평 짓는다면 경비 빼고 1년에 150만 원 법니다. 5만 평은 지어야 하는데 농사지을 땅을 확보하는 것도 어렵고 트랙터 등 기계도 필요하죠. 그걸 다 마련해서 한다고 하면 초기 자본이 5억 원 정도 들어가는데 수입은 5,000만 원 정도 나오죠. 고구마나 콩은 5,000평 농사지으면 수입이 1,500만 원 정도 나오고 고추는 평당 수입이 1만 원 정도 되요. 애호박의 평당 수입은 1만 원 이상이긴 한데 혼자는 못해요. 이래저래 농사 수입이 녹록치 않아요.

하미과는 지금까지는 아주 괜찮아요. 평당 3~4만 원 정도 되죠. 수박이 100평에 400개를 수확하면 평당 4만 원 정도 나오거든요. 저는 금년 매출이 2,500만 원인데 거의 수익입니다. 앞으로는 노하우가 생겨 더 좋아질 거예요.

Q   하미과와 수박에 이어 또 다른 계획이 있나요?

수경재배를 하려고 해요. 중국에서 탑처럼 만들어 수경재배를 하는 걸 봤어요. 또 하나는 수박으로 사회적 경제 개념의 농업을 해보려고요. 농업에 관심 있는 사람들이 같이 한 동씩 나눠 갖는 시스템으로 공동 생산, 공동 판매하는 거죠. 농장 창업을 미리 체험할 수 있는 기회도 될 겁니다.

Q   하미과 재배의 전망은 어떤가요.

아주 좋아요. 아직 도입 단계이기 때문이죠. 특히 아이들이 한

번 먹고 나면 꼭 찾아요. 그러면 엄마들은 살 수밖에 없죠. 우리 손주들도 엄청 좋아해요.

Q   현재의 생활에 만족하나요?

제천은 춥기 때문에 3월에 모종하고 4월에 밭에 심으면 7월 중 하순부터 생산하죠. 실제로 1년에 6개월 일하고 6개월 쉬는 거예요. 6개월만 일하니 개인 시간이 많은 편이죠. 농사를 지을 때도 일이 끝나면 동네 사람들과 어울리거나 취미로 색소폰을 불어요. 매우 만족스럽습니다.

◀ QR코드를 눌러 실제 인터뷰를 살펴보세요

대학 동문 8명이 협동조합 만들어
캐주얼 와인 바 운영 중이에요!

Q   와이니하니에 대해 소개해주세요.

연남동에 위치한 와인 바입니다. 대중적인 와인 바로 가격이 착하죠. 한마디로 가성비와 가심비가 높아요. 주 고객층은 젊은 층, 20~30대 연인들과 젊은 직장인들입니다. 둘이 오기도 하고 생일 축하 파티 장소로도 많이 사용되죠. 또 다른 고객은 동창들이에요. 우리 와인 바는 동창들의 사랑방이기도 한데, 동창들이 오면 비싼 걸 마셔서 매출에 도움이 됩니다. 손님이 적을 때는 친구들에게 오라고 하면 다른 친구들도 데리고 와요. 실내는 20석, 야외는 15석 정도의 규모예요.

Q   은퇴 전에는 무슨 일을 했나요?

다양한 일을 했는데, 마지막은 건설 쪽과 인테리어 분야에서 일했습니다. 건설업은 워낙 매출이 일정치 않고, 나이도 있어서

은퇴 후 제2의 삶에 대해
고민하는 친구들이 있었어요.
다들 전문 분야가 다른 게 도움이 됐어요.
협동조합은 혼자 하는 게 아니어서 부담도 적고
제가 직접 매니저를 하니 인건비 절약은 물론
효율적으로 운영할 수 있었죠.

그만둬야겠는 생각을 했어요. 재직하고 있을 때는 은퇴 후 계획이 따로 없었어요. 아마 다들 그럴 거예요. 젊다고 생각하고 준비를 하지 않죠. 저도 마찬가지였어요. 그런데 은퇴 시기가 생각보다 빨리 찾아왔어요.

전직을 살려 이곳 인테리어는 제가 했습니다. 목수 등 전문가도 있었지만 전체적인 디자인과 소품은 직접 했어요. 그래서 비용을 많이 절약할 수 있었죠.

Q   여러 명이 함께 운영하는 것으로 알고 있어요.

은퇴 후 제2의 삶에 대해 고민하는 친구들이 있었어요. 그 중 한 명이 협동조합을 만드는 일을 하고 있어서 연세대 동문 여덟 명이 협동조합을 만들어 함께 하기로 한 거죠. 다들 전문 분야가 다른 게 도움이 됐어요. 협동조합은 혼자 하는 게 아니어서 부담도 적고 제가 직접 매니저를 하니 인건비 절약은 물론 효율적인 운영을 할 수 있었죠. 처음엔 막걸리집 등 여러 가지 의견이 있었지만, 식당은 전문적이고 요리도 잘 해야 해서 힘들다고 판단했죠. 협동조합 관련 일을 하던 친구가 와인 바 협동조합을 만들었던 이야기를 듣고 그곳을 모델로 삼기로 했어요.

전문 와인 바는 음식도 맛있어야 하고 서비스 퀄리티도 높아야 하는데 우리가 모델로 삼은 을지로에 있는 한 와인 바는 가격을 싸게 하는 대신 서비스를 낮췄더라고요.

저희가 자리 잡은 연남동은 친구들이나 동창들이 자주 모이는 곳으로 모교와 가깝기도 하고, 특히 주말에는 걸어 다니기 힘들 정도로 인파가 엄청나거든요. 그래서 작은 간판 하나 외에는 따로 홍보가 필요 없을 정도였어요. 만석이라 손님을 받지 못한 경우도 있었죠. 특히 연말에는 더 그랬어요.

Q   창업 자금은 어떻게 마련했나요?

오픈은 2019년 11월에 했어요. 9월부터 두 달간 준비했죠. 여덟 명이 낸 돈은 200만 원부터 1,100만 원으로 평균 500만 원 정도 됩니다. 돈을 낸 만큼 수익을 가져가는 구조죠. 창업 자금 마련은 어렵지 않았지만 연남동은 상권이 좋아서 생각보다 창업할 때 돈이 많이 들었어요. 다행히 이곳은 권리금이 없었죠. 보증금 2,000만 원에 월세는 135만 원이에요. 이것저것 포함해 총 5,000만 원 정도 들었죠.

사실 이 금액으로는 창업하기에 조금 부족합니다. 그래서 처음에는 수익이 생겨도 나눠 갖지 못하고 재투자를 했어요.

Q   요즘 와인 바가 많이 생기고 있는데요. 차별성은 무엇인가요?

우리나라는 고급 레스토랑에서 와인 판매를 시작하다 보니 가격이 비싸게 형성되어 있어요. 요즘 젊은 층은 독주보다는 부드러운 술을 선호하는 데다 분위기도 중요하게 생각해서 와인을 선호하지만 비싸서 못 마셨던 거죠. 와이니하니에서는 와인을 저렴한 가격에 즐길 수 있어서 젊은 층이 많이 찾습니다.

보통 정통 와인 바는 100~150종 정도의 와인 리스트를 보유하고 있어야 해요. 보관 비용도, 추천하는 과정도 복잡해서 비쌀 수밖에 없는 거죠. 우리는 가격을 낮추기 위해 리스트를 15종 정도로 줄였어요. 그러면 비용이 많이 줄어듭니다. 5만 원이면 안주 한 개와 와인 한 병을 먹고 마실 수 있는 거죠.

Q 연남동은 외국인에게도 사랑받는 곳인데요. 지리적 장점도 있 나요?

외국인 손님이 굉장히 많습니다. 주변이 다 게스트하우스거든 요. 비행기 타고 인천 공항에서 내리면 바로 여기, 홍대입구역 으로 옵니다. 연남동에는 낮부터 밤늦게까지 먹고 마실 곳이 정 말 많아요. 그래서 외국인 손님이 정말 많은 거죠. 외국인이 오 면 폴라로이드 사진을 찍어주기도 합니다.

지리적 장점 외에도 이곳은 소위 사진발을 잘 받아요. 특히 밤 에 조명을 켜면 정말 예뻐서 손님들이 개인 SNS에 많이 올립니 다. 최근에는 화보 촬영 장소와 단편 영화 촬영 장소로도 이용 되었죠.

Q 매출은 얼마인가요?

오픈하고 월 매출은 1,000만 원 정도예요. 이 동네는 월세가 무 척 비쌉니다. 1~3층은 비싼데, 그래도 여긴 4층이라 싼 편이죠. 월 매출 1,000만 원 정도면 협동조합 입장에서는 꽤 괜찮은 셈 이에요. 매니저 월급 250만 원 빼고 조금씩 수입을 배분할 수 있습니다.

Q   이 일에 만족하시는지요?

영업시간은 저녁 6시부터 자정까지예요. 물론 영업 준비를 해야 하니 6시 전에 시작해야 하죠. 은퇴를 하면 수입도 줄지만 관계도 많이 줄어듭니다. 와인 바를 하다 보니 다시 관계가 형성되더라고요. 여기에서 일도 만들고 즐거운 시간도 갖게 되면서 사회적 관계도 회복됐어요. 소주를 마시는 손님과 달리 와인을 마시는 손님은 늦게까지 마시지 않고 컨트롤하기 어려운 취객도 없어 무척 만족합니다.

Q   와인 바의 전망은 어떻게 생각하는지요?

더 좋아질 것 같아요. 술 문화가 이제는 즐기는 쪽으로, 문화가 있는 술을 원하는 쪽으로 흐르고 있어요. 물론 전문적인 와인 바는 고객 대상이 와인 마니아라 그들의 기호를 맞춰야 하니 상황이 다릅니다. 반면 대중 와인 바는 전망이 좋다고 생각됩니다. 와인 바 창업도 생각보다 어렵지 않고요. 와인에 대해 많이 알아야 한다고 생각하기 쉬운데 그건 와인의 종류가 많은 경우예요. 물론 와인에 대한 지식은 필요하지만 판매하는 와인에 대해 정확히 알면 되는 거죠. 음식도 비싼 것을 원하지 않고요.

Q   어떤 유형의 사람들이 하면 좋을까요?

사람들과 쉽게 어울리는 성격이면 좋습니다. 손님이 오면 서빙하면서 한마디씩 건네는데 그런 게 재미있어요. 너무 말을 많이 시켜도 안 됩니다. 한두 마디 센스 있는 말 정도.

Q 협동조합을 할 때 주의할 점은 무엇인가요?

아무래도 책임감이 분산될 수 있어요. '알아서 굴러가겠지'라고 생각할 수 있기 때문인데요. 그런 것을 경계하고 도와주면서 힘을 합치면 안 좋을 이유가 없습니다. 서로 마음이 맞고 힘을 맞추면 좋아요.

 ◀ QR코드를 눌러 실제 인터뷰를 살펴보세요

호텔리어 은퇴 후 시니어 웨딩카 서비스 창업, 서비스업의 특기 살렸죠

Q   더 쇼퍼에 대한 설명을 해주세요.

더 쇼퍼는 은퇴 이후 시니어의 일자리 창출을 위해 설립된 회사인데 그중 하나가 웨딩 쇼퍼입니다. 현재는 웨딩 쇼퍼만 운영 중이에요. 결혼식 당일 신랑과 신부의 이동 서비스를 제공하는 프라이비트 서비스입니다. 쇼퍼는 과거 유럽의 귀족사회에서 턱시도를 입고 마차를 몰던 마부를 의미하죠. 말하자면 최고의 드라이버라는 뜻이에요.

Q   시니어의 장점은 무엇인가요?

시니어가 아니면 가질 수 없는 경륜, 개성, 섬세함이 큰 재산이고 장점이죠. 아쉽게도 이 큰 장점은 은퇴와 함께 끝납니다. 인터넷 검색이나 선배들에게 자문을 구해도 솔직히 와 닿는 게 없었어요. 그래서 장점을 제대로 발휘도 못하고 은퇴와 더불어 많은 분들이 실의에 빠지고 어려움에 처합니다. 다만, 소위 꼰대가 되면 안돼요. 시니어가 고도성장의 주역이긴 하지만 인생 전반기의 권위, 신분에 매이면 안 됩니다. 요즘 세대와 소통을 잘 해야 하는 거죠.

Q   은퇴 전에는 어떤 일을 하셨나요?

관광전문학교를 졸업하고 평생 호텔리어로 근무했습니다. 호텔 근무는 적성에 맞고 즐거웠어요. 무엇보다 서비스의 중요성에 대해 이해하게 됐고, 일상생활에도 적용하면 삶이 아름답겠다고 생각했죠. 재직 중에는 은퇴 후의 삶을 계획하지 않았어요. 저는 62세에 은퇴했지만 대부분 그 전에 은퇴합니다. 은퇴 전에는 은퇴 이후에도 일을 더 할 수 있을 거라고 생각했었죠. 나뿐만 아니라 다 그럴 거예요.

Q   막상 은퇴한 후에는 어떠셨는지요?

처음 한두 달은 자유가 주는 행복이 무척 좋았습니다. 하지만 그 이후 자유가 결코 좋은 게 아니라는 걸 깨달았죠. 가장 큰 어려움은 경제적 어려움이었어요. 그리고 자신감도 잃게 됐습니다. 지인을 만나는 것도 신세를 지는 것이라 갈 곳이 등산밖에 없더라고요. 재취업을 위해 100통이 넘는 이력서를 썼지만 나이 때문에 재취업을 할 수 없었어요. 어느 날 대리운전을 하는 친구를 만났는데 자유직업이라고 해서 흥미를 갖게 되었어요. 그런데 대리운전은 취객을 상대해야 하고 좀 폄하된 직업이잖

고객은 쇼퍼를 존중하게 되고
쇼퍼도 고객을 정중히 대하니
다른 웨딩카 서비스와 이미 차별화가 시작되는 겁니다.
웨딩 쇼퍼가 나이가 있다 보니
신랑 신부를 볼 때 자식 같이 느끼는 거죠.
그래서 더 세심하게 서비스해드립니다.

아요. 저는 사람들에게 인정받고 직업적인 사명감을 갖고 싶었습니다. 그래서 몇 가지를 바꿨죠. 대리운전은 밤에만 일을 하는데 주로 검은 계통의 옷을 입으니까 고객이 불안할 수밖에 없어요. 그래서 정장에 나비넥타이를 했고 어떤 때는 스카프를 했습니다. 고객이 나를 대하는 태도가 바뀌었어요.

여름에는 아주 밝은 옷을 입고 나갔더니 고객이 많이 놀라워했어요. 대리운전 기사의 외모에 대해 고정관념이 있었던 겁니다. 운전할 때도 더욱 안전 운전에 집중했더니 어떤 손님은 대리운전비보다 더 많은 돈을 팁으로 주기도 했습니다. 직업에 대한 사명감을 갖게 되었죠.

Q 창업은 어떻게 하게 되었나요?

대리운전 경험을 바탕으로 창업하게 되었습니다. 어느 날 아들이 결혼을 했는데 결혼식 당일 직접 운전을 해서 신혼여행을 가더라고요. 왜 친구에게 부탁하지 않았냐고 물었더니 요즘은 그게 결례라고 해요. 세상이 바뀐 것이지요. 이후 아들과 며느리에게 결혼식 날 아빠 같은 시니어가 운전해 주면 어떨지 물었더니 좋다고 하더라고요. 자신감을 갖게 되었죠. 한 사람이 하루에 서비스할 수 있는 것은 한 커플이지만, 많은 커플을 대상으로 하면 여러 시니어들과 함께 할 수 있겠다는 판단도 들었죠. 성남시의 공모전에 지원해 선정되었어요. 제복도 직접 디자인해 만들었습니다.

Q 창업비용은 얼마나 들었나요?

성남시에서 지원금 2,000만 원, 아내가 1,000만 원을 주었고 딸이 최고급 승합차를 사줬어요.

Q 업무는 어떤 식으로 진행되나요?

홈페이지, 카카오톡, 직접 문의하기(통화) 등 다양한 채널이 있어요. 나는 신랑 신부의 스토리를 먼저 봅니다. 일주일 전에 쇼퍼를 배정하고 고객에게 '배정된 쇼퍼는 과거에 금융권에서 평생 근무하고 은퇴하신 분으로 품행이 훌륭한 분입니다' 정도의 소개를 해드리죠.

고객은 쇼퍼를 존중하게 되고 쇼퍼도 고객을 정중히 대하니 다른 웨딩카 서비스와 이미 차별화가 시작되는 겁니다. 웨딩 쇼퍼가 나이가 있다 보니 신랑 신부를 볼 때 자식 같이 느끼는 거죠. 그래서 더 세심하게 서비스해드립니다. 여성 쇼퍼도 있는데 신부가 하루 종일 먹지 못하니 간단히 먹을 것을 챙겨드리기도 해요. 현재 20명의 쇼퍼가 있습니다.

Q 결혼식이 대상이면 주말에만 근무하나요?

맞습니다. 그런데 코로나19는 또 다른 기회가 되었어요. 코로나 때문에 이동이 줄었고 헌혈량도 같이 줄어 혈액 공급에 문제가 생겼습니다. 적십자와 현대자동차가 같이 하는 레드 카펫이라는 사회공헌 이벤트가 있는데, 헌혈 희망자를 집에서 헌혈 장소까지 이동해드리는 서비스를 하게 되었습니다. 그래서 20명의 쇼퍼 모두 참여하게 되었고 주중에도 일이 생겼어요.

Q 수입은 어떻게 되나요?

저희는 부부만 살기 때문에 월 300만 원이면 불편함이 전혀 없습니다. 웨딩 쇼퍼들은 주말만 근무해도 3분의 2 정도는 해결됩니다. 나는 사업주라 조금 더 낫고요.

Q 전망은 어떻게 보나요?

굉장히 긍정적으로 생각합니다. 할 게 무척 많아요. 기업에서는 외국인 의전 때 운전할 수 있는 외국어가 능통한 드라이버가 필요합니다. 쇼퍼 중에 그런 분도 있어요. 그뿐만 아니라 노인 환자의 병원 이동 서비스, 대리 운전 등 무궁무진합니다.

◀ QR코드를 눌러 실제 인터뷰를 살펴보세요

미래 농업에 주목해 CJ퇴직 후
아쿠아포닉스 채소 농장 창업했어요!

Q   아쿠아포닉스 농법이 무엇인가요?

아쿠아포닉스(Aquaponics)는 물고기 양식(Aquaculture)과 수경
재배(Hydroponics)의 합성어로, 물고기를 키우면서 식물도 키우
는 미래 농법입니다. 물고기는 수조에서 키우는데 그 수조에서
나온 물만 이용해 채소를 키우고, 그 물은 다시 펌프를 이용해
수조로 돌려보내는 순환 농법인 거죠. 일반적으로 채소나 과일
을 키울 때 비료를 줘야 클 수 있다고 생각하는데요. 하지만 식
물은 미생물이 키우고 비료는 돕는 역할을 할뿐입니다. 물고기
는 사람처럼 다양한 분비물이 나와 유기물질을 만들고 이는 암
모니아라는 독성 물질로 변합니다. 미생물은 암모니아를 질산
염이라는 성분으로 변환시키죠. 식물은 대표균인 질산염을 먹
고 성장하고 식물의 뿌리는 본연 능력인 정화 기능을 통해 물을
정화시켜요. 그 물은 다시 수조로 보내집니다. 말하자면 계속

순환하는 작은 생태계죠.

Q 일반 농법과 아쿠아포닉스의 차이는 무엇인가요?

토경재배는 다양한 비료를 사용해야 해요. 비료에 질소가 많아서 식물을 빠르고 크게 키우는 역할을 합니다. 식물한테는 괜찮지만 그 식물이 질산염을 품고 있는 상태에서 사람이 먹으면 소화되는 과정에서 아질산염으로 바뀝니다. 아질산염은 치매나 암 등을 유발한다고 하죠. 유엔 등에서는 식물에게 줄 수 있는 질소 성분을 규제하는데 우리나라에서는 아직 규제 자체가 없어요. 반면 아쿠아포닉스는 자연 재배라 질산염이 20~40ppm 수준이어서 인체에 흡수되어도 무리가 없어요.

Q 아쿠아포닉스와 일반 수경재배는 어떻게 다른가요?

일반적인 수경재배는 소위 액비라는 화학액체 비료를 사용해요. 액비를 담아두는 통, 혼합 기계, 정화시켜주는 기계, 주기적 액비 구입비용 등 초기 비용과 유지 비용이 많이 들어가죠. 반면 우리는 수조랑 물고기만 있으면 됩니다. 다른 곳의 아쿠아포닉스 농법은 필터를 사용하는데 우리는 필터링 없이 식물을 키우는 특허를 가지고 있어요. 필터 하나에 약 1,000만~2,000만 원 정도 합니다. 우리는 수조가 네 개여서 다른 농법이라면 필터가 네 개 필요한데 우리는 하나도 필요 없다는 것이 장점이죠. 귀농인에게 필터 값은 정말 큰 부담입니다.

수입을 떠나 이렇게 좋은 채소를
내가 키워서 누군가 먹고 있다는 사실 자체가
무척 뿌듯합니다.
사람들의 건강을 챙기고 있다는 것이고
고객들도 당연히 나를 믿고 구매한 것이기 때문입니다.

Q 서유채 채소의 장점은 무엇인가요?

이 온실은 약 300평 정도로 물고기는 2,000마리 정도가 있고, 18종~20종의 채소를 키우고 있어요. 주 거래처는 호텔, 레스토랑, 샐러드 가게 등이에요. 네이버 직거래도 하고 있습니다. 여러 방송에서 촬영도 했는데, 우리가 키운 채소를 납품받는 셰프에게 왜 굳이 비싼 서유채 채소를 사용하는지 물었어요. 싼 것을 샀다가 금세 상해서 버리는 것보다 서유채 채소를 보관하면서 사용하는 게 훨씬 이득이라고 했습니다. 그 정도로 신선도가 오래갑니다.

Q 전에는 어떤 일을 했나요?

CJ에서 근무했어요. 3년 정도 근무하다가 아쿠아포닉스를 알게 되었죠. 당시 한국에는 아쿠아포닉스 농법이 없었어요. 유튜브와 구글에서 정보를 조금 찾아볼 수 있는 정도였죠. 그래서 확신을 갖기 어려웠어요. 진짜 되는지 눈으로 확인하고 싶어 퇴사한 다음 미국에 가서 두 달 정도 아쿠아포닉스를 배웠습니다.

Q 생각만큼 잘 되었나요?

서울 토박이라 시골은 아예 접해보지 못했어요. 그래서 농업에 비료를 써야 한다는 고정 관념이 없던 게 오히려 큰 도움이 되었죠. 처음에는 물고기로 채소를 키우는 게 말이 되냐, 사기꾼이냐, 귀농은 개나 소나 다 한다 등의 소리도 많이 들었어요. 반기는 사람이 아무도 없었죠.

허가를 받을 때도 '사기꾼 왔다'는 얘기까지 들었어요. 지금까지 지원금은 단 1원도 받지 못했어요. 최근에 아쿠아포닉스가 아닌 스마트팜 ICT 시설로 사업비를 아주 조금 지원받았죠. 처음에는 버려진 비닐하우스에서 직접 테스트를 했어요. 지자체에서 말이 안 된다며 반대해 현재의 온실을 허가 받는데도 1년이 걸렸어요. 처음엔 정말 마음 고생이 많았어요. 2013년부터 준비해 2017년에 오픈했어요.

Q   농장은 어떻게 구성되어 있나요?

수조는 따로 설치되어 있어요. 300평에 물고기는 2,000마리 정도 됩니다. 그 정도의 물고기가 필요해요. 이 농법은 미국에서 시작되어 비료도 농약도 쓰지 않는 친환경 농법이에요. 그런데 우리나라로 들어오면서 물고기에서 나오는 유기물질을 정화, 혹은 분해하기 위한 필터링이 생기기 시작했죠. 그러다보니 우리나라에서는 필터가 없으면 아쿠아포닉스를 할 수 없다고 생각하는데, 없어도 됩니다.

Q   비닐하우스가 특이해요.

일반 비닐하우스는 냉난방을 해야 하는데요. 이곳은 냉난방이 없는 무가온 하우스로 중국식 북반구 하우스 구조를 하고 있어요. 중국식 북반구 하우스는 한쪽이 진흙 벽으로, 낮의 열기가 진흙 벽에 보관되었다가 밤에 난방 역할을 해요. 우리는 현실적인 여건 때문에 진흙 대신 패널로 대체했고요. 냉난방 전혀 없이 채소를 재배하고 있는 거죠.

Q 창업 비용은 얼마인가요?

지역마다 조금씩 차이가 있는데 평당 25~30만 원 정도 들어갑니다. 여기에 수조와 발아실, 채소를 키우는 베드, 배관, 특허 기술까지 들어가면 평당 50만 원 정도 들죠. 그런데 그건 컨설팅과 온실까지 다 맡겼을 때 비용이고요. 서유채에서 교육받으면 직접 만들 수 있습니다. 하우스 비용을 빼더라도 굉장히 저렴하게 짓는 거예요.

Q 수입은 얼마나 되나요?

온실은 300평이지만 실 경작지는 190평이에요. 농업에서 190평은 텃밭 수준인데 여기서 세 명의 인건비가 나옵니다.

Q 전망은 어떨 것 같나요?

건강한 먹거리에 대한 관심이 커지고 있고요. 2014년 유엔에서 아쿠아포닉스가 미래 농업이 될 것이라고 발표했어요. 전 세계 각국에서 관심을 많이 가지고 있는데, 우리나라는 고정관념이 있다 보니 쉽게 받아들이지 못하는 경향이 있습니다. 우리나라에서 유기농이 자리 잡은 것은 불과 10년도 안 되었죠. 하지만 지금은 백화점은 물론 시골에 있는 마트에도 유기농 코너가 있습니다. 지금은 초기지만 무궁무진하게 발전할 거예요.

Q   이 일에 만족하시는지요?

수입을 떠나 이렇게 좋은 채소를 내가 키워서 누군가 먹고 있다는 사실 자체가 무척 뿌듯합니다. 사람들의 건강을 챙기고 있다는 것이고 고객들도 당연히 나를 믿고 구매한 것이기 때문입니다.

◀ QR코드를 눌러 실제 인터뷰를 살펴보세요

기자에서 전통술 양조장 대표로 변신!
외국 바이어들이 먼저 새로운 한국 술 찾아요

Q   설악프로방스배꽃마을은 어떤 곳인가요?

전통 양조장입니다. 2012년 법인 설립, 2013년부터 양조를 시작했어요. 초창기에는 전통 누룩을 이용한 막걸리를 만들었고 이후 탁주부터 증류주까지 카테고리를 가지고 있습니다.

가장 대표적인 탁주는 속초 생탁입니다. 제일 중요한 게 누룩인데 다양한 누룩 실험을 한 끝에 옛 막걸리 맛에 맞는 누룩을 찾아 만들고 있어요. 요즘 막걸리는 탄산이 강해요. 하지만 우리 술은 탄산이 덜한 대신 약간 신맛과 구수한 맛이 강합니다. 이 막걸리를 기본으로 옥수수 막걸리와 더덕 막걸리를 만들고 있습니다. 우리가 만드는 약주는 일반 약주와 조금 다르죠.

Q   생산되는 술의 특징은 무엇인가요?

이 지역은 물이 굉장히 좋아요. 대부분의 술에 해양심층수를 사

135

원래 직접 창업할 생각이었어요.
여기저기 조사하다 이 회사의 창업주를 만났는데
당시 회사가 힘든 상황이었죠. 고민을 했어요.
새 제품을 만들어 시행착오를 겪는 것보다,
시행착오를 겪은 것에 아이디어를 접목하는 게 낫다고 생각했죠.
그래서 2017년 8월에 합류했습니다.

용하고 있습니다. 주로 쌀을 이용해 술을 만드는데 청주는 여성 분들의 기호가 높아요. 대표적인 주력 상품인 동해소주는 쌀 증류 원액이 70% 정도 들어가서 술에서 쌀향과 함께 약간의 누룩향이 납니다. 기존 희석 소주를 드시던 분들은 낯설어 하죠. 소주 시장에 새로 뛰어드는 것은 무척 힘듭니다. 하지만 젊은 층을 고객으로 끌어들이는 것이 미래를 가져가는 것이라는 장점도 있어요. 우리 소주는 젊은 여성이 타깃입니다. 소주 이름이 바다 한잔 동해입니다. 실제 바다가 들어 있어요. 중의적 의미예요. 한 잔 받아. 바다 한 잔.

Q 어떻게 판매하시나요?
3년 전부터 온라인 판매를 시작했어요. 다행히 온라인 쇼핑몰 판매가 매출에도 큰 도움이 됩니다. 어떤 제품인지 소개하기가 상당히 좋아요. 쇼핑몰에 올리고, 상세 페이지만 보더라도 홍보가 되기 때문에 상당히 도움을 받고 있습니다.

Q 전에는 어떤 일을 했나요?
학교 졸업하고 잡지사 기자로 일했어요. 그 이후에는 홍보 마케팅 일도 했고요. 40대가 되면서 내가 이 일을 얼마나 할 수 있을까 생각했죠. 고향에 가서 새로운 일, 의미 있고, 가치 있고, 오래 할 수 있는 일을 해야겠다고 생각했습니다. 음식과 관련된 일을 하고 싶었고, 술이라는 아이템으로 좁혔죠. 양조, 술시장 등을 눈여겨보기도 하고 견학도 했는데 그 당시에는 속초의 대표 브랜드가 없었어요. 시장을 위주로 봤는데 2010년 초반, 막걸리 붐이 일었다가 한풀 꺾였을 즈음이었어요. 일시적 붐이 아니라 다양한 술이 생겨날 여지가 있다고 생각했죠.

속초에는 단풍객이 많이 몰리는 설악산이 있고, 등산하면 막걸리를 떠올립니다. 산과 바다를 찾는 관광객도 많고 지역 교통 인프라 개선 계획도 있어서 수도권과 접근성이 좋아질 것이라 생각했어요. 그래서 지역 막걸리를 잘 만들면 다른 지역의 막걸리를 대체할 수 있을 거라 생각했죠.

Q 창업한 것인가요?

원래 직접 창업할 생각이었어요. 여기저기 조사하다 이 회사의 창업주를 만났는데 당시 회사가 힘든 상황이었죠. 고민을 했어요. 새 제품을 만들어 시행착오를 겪는 것보다, 시행착오를 겪은 것에 아이디어를 접목하는 게 낫다고 생각했죠. 그래서 2017년 8월에 합류했습니다.

Q 어려움은 없었나요?

지금 하고 있는 일이 정통 제조업에 가까워요. 그러다 보니까 업의 속성 자체가 완전히 달랐죠. 처음부터 새롭게 하는 것과 같았어요. 업을 전환하니 바라보는 시각도 완전히 달라지더라고요. 절실하고 치열하게 하루하루를 살았어요. 나로 산다는 것, 누군가가 기대하는 내가 아니라 본질적인 나로 산다는 느낌이 들었어요.

Q 수입은 어떤가요?

2019년에 손익분기점을 맞췄고 2020년에 흑자를 냈습니다. 더 큰 성장을 기대했는데 코로나 때문에 기대치만큼은 안 됐어요. 하지만 그런 상황을 감안하면 선방했다고 생각합니다. 힘들 때는 급여를 못 가져갈 때도 있었어요. 현재 수입은 직장인일 때 수입의 70~80%예요. 어차피 투자를 했고 지분을 가지고 있으니까 길게 봅니다. 중요한 것은 앞으로 나아가고 있다는 것이죠.

Q 전망은 어떤가요?

수제 맥주의 경우 업장에서 작게 양조장을 만들 수 있도록 제도가 완화되어 새로운 시도가 계속 이루어지고 있어요. 전통주 분야도 다양성이 더 강화될 것으로 생각합니다. 시장을 단순히 내수만 보면 파이가 커지지 않고 잘라 먹는다고 생각할 수 있는데, 그렇게 좁게 볼 게 아니에요. 우리는 이번 분기에 수출만 열 건 이상 진행하고 있습니다.

한국문화 즉 케이팝, 음악, 드라마, 영화 등이 해외로 나가면서 콘텐츠 안에 담긴 음식이 상품으로 연결이 되고 있어요. 실제로 동남아시아나 중국권에서 고추장이 상당히 많이 팔리고 있거든요. 식품 브랜드까지 다 포함하고 있어요. 과거에 우리가 외국 영화를 보며 양주를 동경했듯, 한국의 술과 음식을 동경하며 먹고 마시는 시대가 이미 와 있습니다. 앞으로 훨씬 더 다양화될 거예요.

해외에서 알고 있는 한국의 술은 세 가지입니다. 막걸리, 소주, 인삼주. 막걸리는 술의 특성상 해외에서 접할 수 없지만, 중화권에서 고려인삼은 판타지, 신의 약재입니다. 그걸로 담근 술이라고 하면 반응이 좋아요.

한국의 희석 소주는 어느 드라마에든 나옵니다. 외국 시청자들은 주인공처럼 마시고 싶어 하죠. 교민 사회를 통해서도 현지인들이 간접적으로 접하죠. 그래서 새로운 술을 찾는 바이어들이 많아요 운영할 수 있는 여건만 된다면 가능성은 큽니다. 한류가 일회성이 아니거든요. 예전에는 영화에서나 보던 피자와 햄버거를 지금은 일상적으로 먹듯이, 우리의 삶의 방식이 해외로 퍼지게 되면 그들도 우리 것을 편하게 먹는 시대가 올 겁니다.

◀ QR코드를 눌러 실제 인터뷰를 살펴보세요

희망퇴직하고 우리밀, 우리팥으로 시작한 찐빵가게,
연 15억 매출의 가족 경영 회사 됐어요!

Q 슬지제빵소의 오색찐빵이 무척 유명한데요.

슬지제빵소는 전북 부안에서 찐빵과 음료를 만들고 판매하는
곳입니다. 2012년에 특허를 낸 오색찐빵은 우리 밀로 만든 빵에
색을 입혔어요. 2004년 부안에 핵폐기장 건립 문제가 한창 이
슈였는데, 저는 지역과 상생할 수 있는 안전하고 건강한 먹거리
공부를 많이 했습니다. 그때부터 수입 밀가루, 수입 팥 대신 우
리 밀, 우리 팥으로 바꾸고 지역에서 먹거리로 찐빵에 옷을 입
혔어요. 우리 밀에는 찰기가 부족해 10여 년에 걸쳐 완성했죠.

Q 전에는 어떤 일을 했나요?

한국도로공사에 다니다 희망퇴직 했어요. 매제들이 양계 사업
을 하고 있어 10만 수 정도 키웠는데 처음엔 잘 되었죠. 그런데
어느 날 집단 폐사를 했어요. 지금은 보상이나 보험도 있지만

돈 없이 할 수 있는 게 무엇인지
찾다보니 나온 게 찐빵이었어요.
아내와 함께 유명하고 장사가 잘 되는
전국의 찐빵집을 찾아다니다 강원도 횡성에 있는
박할머니 안흥찐빵에 가서 찐빵집을 하기로 결정했어요.

그때는 그런 게 없어서 7,000만 원의 빚만 남겼죠. IMF 때였으니 정말 큰돈이었어요. 자식이 넷이었는데 정말 막막했습니다.

Q 찐빵 사업은 어떻게 준비했나요?

돈 없이 할 수 있는 게 무엇인지 찾다보니 나온 게 찐빵이었어요. 아내와 함께 유명하고 장사가 잘 되는 전국의 찐빵집을 찾아다니다 강원도 횡성에 있는 박할머니 안흥 찐빵에서 찐빵집을 하기로 결정했어요. 아버님이 보증을 서주셔서 1,000만 원을 대출 받아 슬지네 안흥 찐빵으로 시작했죠.

2000년 3월에 오픈했는데 지금은 레시피가 많지만 그때는 없어서 오픈하기 전 석 달 동안 매일 빵을 만들어서 버렸어요. 그렇게 고생고생해서 오픈했습니다.

Q 창업 후 장사는 잘 되었나요?

자리를 잡을 즈음 우리 부부가 많이 아팠어요. 그래서 결혼한 큰 딸 빼고 두 딸과 아들에게 도와달라고 했죠. 둘째 딸 슬지(현 대표)가 내려와 도왔습니다. 슬지는 가게를 돕다가 대학원 창업 컨설팅학과에 진학했고, 두 동생에게 내려오라고 해서 같이 하게 되었어요. 그 이후로 급성장했어요.

찐빵은 뜨겁기 때문에 여름에는 만들기도 쉽지 않고 판매도 잘 안 되었는데요. 하지만 포기하지 않고 다양한 제품을 고민 해 아이들이 여름에도 먹을 수 있는 우유생크림찐빵을 만들었어요. 오후 4시 정도면 매진되는데 이 제품 출시 후 오히려 여름

매출이 더 높아졌어요.

Q 철탑산업훈장 등 수상 경력이 화려합니다.

부끄럽게 생각하지만 자랑하고도 싶습니다. 나 같은 사람도 그런 상을 받았다고. 그 상을 받게 된 동기는 찐빵이에요. 찐빵이 나에게는 아이들과 함께 살 수 있는 여건을 다 만들어준 거예요.

Q 매출은 얼마인가요?

전에는 많을 때는 연 2억 원 가까이, 적을 때는 1억 원도 안 될 때가 있었어요. 그런데 아이들과 함께 운영하면서 많이 바뀌었습니다. 2019년에는 우리 가게에 약 5만 4,000팀이 방문했는데요. 두 명씩 오면 10만 명, 세 명이면 15만 명이죠. 다행히 코로나에도 불구하고 성장했습니다. 2019년은 12억 원이 조금 넘었고 2020년은 15억 원이 조금 넘었어요.

Q 증축 계획이 있다고 들었습니다.

처음에는 열 평 가게에서 먹고 자며 장사했어요. 손님이 오셔도 앉아서 빵 드실 곳이 없었죠. 언젠가는 '고객이 오시면 물이라도 마시며 빵을 드실 수 있게 해야겠다'는 마음이 있었죠. 현재 이 건물은 공장까지 100여 평인데 여전히 자리가 없어 많은 고객들이 기다립니다. 바로 옆에 가게를 새로 증축할 예정이라 지금보다는 편히 드실 수 있을 거예요.

Q   찐빵 가게를 창업한다면 비용은 얼마나 드나요?

중요한 것은 돈이 아니라 절박함이죠. 한 단계씩 올라가며 느끼는 성취감이 무척 큽니다. 강원도 횡성에서 만난 안흥찐빵의 할머니, 할아버지와 아직까지 연락을 하고 지냅니다. 인연 하나하나를 꼭 챙기며 가는 것, 그게 진짜 자본이라고 얘기하고 싶습니다.

Q   전망은 어떤가요?

찐빵, 만두는 전통 식품입니다. 그런데 전통 식품으로 인정을 받지 못하고 있죠. 안타깝습니다. 그래도 저는 전통 식품이라고 생각합니다. 찐빵뿐만 아니라 오랜 역사가 있는 음식은 모두 성공 가능성이 있다고 생각해요. 오히려 새로운 음식으로 하는 창업이 실패할 가능성이 높아요. 전통 식품에 어떤 변화를 줘서 내 것으로 만드는가가 중요합니다.

부안에서 여러 사람들이 찐빵 가게를 열었지만 빠르게는 6개월도 못 버티고 그만두었어요. 저는 준비 기간이 아주 큰 재산이고, 돈이라고 봐요. 내가 어떻게 하느냐에 따라 달라집니다.

◀ QR코드를 눌러 실제 인터뷰를 살펴보세요

엔지니어 은퇴 후 창업한 영동 대표 와이너리,
국제 와인상도 여러 번 수상했어요!

Q   시나브로 와이너리는 어떤 곳인가요?

10여 년 전에 창업했습니다. 현재 10여 종의 와인을 생산하고
있고요. 포도 농장은 1,500평 정도로, 이 지역에서 생산되지 않
는 화이트 와인 품종만 재배합니다. 레드 와인 품종은 캠벨인데
주변 농가에서 매입해 사용하고 있어요. 영동 지역에서 처음으
로 청포도를 재배해 화이트 와인을 만들었고 그 덕에 부각이 되
면서 성장하는 데 탄력을 받았죠. 현재는 와인 제조와 판매 외
에 와인 만들기 체험, 뱅쇼, 족욕 체험 등 와인을 이용한 다양한
체험도 운영하고 있어요.

Q   전에는 어떤 일을 했나요?

기계를 전공해서 엔지니어로 일했습니다. 1995년에 서울 상계
동에서 처음 셀프 세차장을 보고 퇴직금으로 대전에 셀프 세차

장을 차렸어요. 그런데 너무 앞서 갔던 거예요. 당시까지 셀프 세차에 대한 인식이 부족했거든요. 앞 차가 안 빠지면 계속 밀리고 그러다 보니 컴플레인도 생겼죠. 사람들과 상대하는 게 싫어서 정리하고 영동으로 내려왔어요.

Q 영동으로 내려온 후 바로 와이너리를 시작했나요?
선산이 영동에 있습니다. 강가에 매물로 나온 토지를 매입해서 잡곡, 콩, 고구마 농사를 지었는데 수익이 적었어요. 포도밭도 구입해 포도 농사에 집중했는데 그것도 수익이 적어서 다시 도시로 역귀성을 해야 하나 고민했죠. 그러던 중 FTA로 타격받은 농민을 구제하기 위해 영동군청에서 이 지역을 포도 와인 특구로 지정하는 농가형 와이너리 지원 사업을 했어요.
농업기술센터의 포도대학에 1년 과정 집중 프로그램을 이수했고 수시로 진흥청이나 기술원, 포도연구소에서 교육받았죠. 그때는 밭에 컨테이너를 두고 이론과 실무를 쌓았습니다. 처음엔 지원 조건에 몇 가지가 부족해서 2년 후에 집을 구입한 뒤로 지원에 선정되어 와이너리를 시작하게 되었죠.

Q 건물이 참 멋있어요!
현재의 건물은 HACCP(식품의 원재료 생산부터 최종 소비자가 섭취하기 전까지 각 단계에서 생물학적, 화학적, 물리적 위해 요소가 해당 식품에 혼입되거나 오염되는 것을 방지하기 위한 위생 관리 시스템) 기준에 맞춰 2020년에 지었습니다. 국내 농가형 와이너리 중에서는

2019년까지만 해도 국내 와인은
거의 농가형 와인이었어요.
그런데 농가형 와인이 전체 물량의 10%가 안 됩니다.
그만큼 시장이 넓다는 의미죠.
희망적으로 생각합니다.

처음일 거예요. 홍보 판매장, 원료 가공 등으로 구분, 위생적으로 와인을 만들고 있습니다.

Q   가족 경영으로 운영한다고 들었습니다.

원래는 우리 부부가 하다가 아들 내외가 합류했어요. 처음에는 업무의 구분 없이 일하다 생각이 달라졌습니다. 지금은 각자 잘하는 분야를 정해 맡고 있죠. 나는 포도 재배와 양조를 맡았고요. 아내는 홍보와 마케팅, 체험을 담당하고, 아들은 신제품 개발과 패키징, 며느리는 온라인과 회계를 맡고 있습니다. 무척 효율적이에요. 가족이 모이면 대부분 와인 얘기만 합니다. 식사 때 시음도 하고 품평도 하고요. 공통적인 주제가 있으니까 재미있어요.

Q   가족 모두 소믈리에 자격증을 가지고 있다고 들었어요.

제가 먼저 취득했어요. 보통 소믈리에 자격증을 취득하려면 수백만 원이 들어가죠. 그런데 영동군에서 무료 교육과 시험을 지원해주는 프로그램이 있어서 아내에게 권유했죠. 첫 번째 시험에서 합격했어요. 아들 내외는 영동으로 내려온 후 유원대학교에 편입해서 와인 관련 공부를 하며 취득했어요.

Q   다양한 수상 경력이 눈에 띕니다.

대전시가 주최하고 독일 베를린 와인협회가 주관하는 국제 행사인 아시아 와인 트로피라는 행사가 있어요. 1,000종이 넘는 와인이 참가하는데 금상을 4회 수상했죠. 우리나라에서 가장 큰 행사인 '우리 술 품평회'에서도 최우수상을 받았고요. 그 외에도 여러 상을 받았어요.

Q 생산하고 있는 와인을 소개해 주세요.

시나브로 청수 화이트는 농촌진흥청에서 육성한 청수라는 품종으로 만든 화이트 와인입니다. 아시아 와인 트로피에서 네 번 금상, 2019년도 우리 술 품평회에서 최우수상을 수상했죠. 꽃향과 과일향이 풍부하며 산도가 높아 식욕을 돋궈주고 해산물과 잘 어울립니다. 농장에서 직접 시음하신 여성의 80~90%는 이 와인을 구입합니다.

시나브로 로제는 진흥청에서 개발한 품종으로 만들었어요. 향이 독특하고 깔끔해 디저트용으로 많이 사랑받습니다. 시나브로 레드는 캠벨로 만들었어요. 드라이 스위트는 삼겹살과 궁합이 좋고, 스위트는 양념이 많은 우리 음식과 잘 어울립니다. 시나브로 레드는 와인을 시작하는 젊은 층이 많이 구입합니다.

Q 와이너리 창업 비용은 얼마나 드나요?

영동군에서 처음 시작한다면 1~2톤 정도를 담을 수 있는 용기, 기본적인 기계, 시험 장비 등을 구입할 수 있는 비용으로 1,500만 원 정도를 지원해 줍니다. 이 정도는 정말 기본적인 것이죠. 본격적으로 창업하려면 다시 구입해야 합니다. 주변에 조언을 구해 잘 준비해야 해요. 제가 처음 창업할 때는 물어볼 곳이 많

지 않았는데 지금은 정말 많아졌어요. 잘 활용하면 실패할 확률
이 적어집니다.

Q   매출은 얼마인가요?

2020년에는 3억 원이 조금 안 됐어요. 비가 많이 와서 생산량
이 11톤 정도로 줄었죠. 다른 해는 보통 13톤 정도 생산합니다.
온라인 판매가 60% 정도 되고요.

Q   전망은 어떻게 보나요?

2019년까지만 해도 국내 와인은 거의 농가형 와인이었어요. 그
런데 농가형 와인이 전체 물량의 10%가 안 됩니다. 그만큼 시
장이 넓다는 의미죠. 희망적으로 생각합니다. 젊은 사람들이 떫
고 쓴 외국 와인보다는 부드럽고 가벼운 한국 와인을 좋아하거
든요. 희망적이라고 생각합니다.

◀ QR코드를 눌러 실제 인터뷰를 살펴보세요

언론사 은퇴 후 특기 살려 인문학과 연결시킨 인성인문 드론 스쿨 창업했어요!

Q   다른 드론 스쿨과 어떤 차이가 있나요?

드론이라고 하면 기술적인 부분만 이야기하는데, 드론 외에도 여러 가지로 생각할 수 있는 어휘나 단어, 생각 등에 대해 가르칩니다. 드론은 150미터 상공으로 올라가면 보이지 않거든요. 그렇다면 있는 것인가, 없는 것인가, 보이지 않는다고 없는 것이라고 말할 수 있을까. 이런 깊이 있는 부분까지 사고와 연계할 수 있는 것이 인성인문 드론이라고 할 수 있습니다.

한 단계 더 나아가면 인간은 무엇과 무엇으로 이루어져 있는가에 대한 질문으로 이어집니다. 사람은 보이지 않는 정신의 영역, 보이는 몸의 영역으로 구성되어 있죠. 이렇게 드론 교육을 통해 한 단계 더 나아갑니다. 다른 드론 교육과 차별화되어 있고요. 인문학과 연계한 교육은 세계에서 유일합니다.

Q 주 대상은 누구인가요?

초등학교 4~6학년 과정에서는 어휘에 대한 개념을 익히고 상급 학교에 진학하는 게 상당히 도움이 됩니다. 또 다른 대상은 교육을 하는 선생님과 드론 쪽으로 진출을 희망하는 성인입니다. 드론을 이용한 영상 촬영, 편집, 유튜브에 올리는 과정도 가르칩니다.

교육 목적 이외의 개인 영상 작업도 합니다. 주로 주제와 대상, 목표를 정해 촬영하는데 동해안, 사찰, 특산품 등등을 촬영합니다. 황순원소나기마을 홍보 영상처럼 의뢰를 받아 촬영하는 경우도 있고요. 펜션 같은 곳도 촬영합니다.

Q 전에는 어떤 일을 했나요?

독서신문에서 대기자와 논설위원으로 근무했습니다. 청소년 시절에는 문학에 관심이 많았어요. 대학에서는 이공계를 전공하다 미련을 못 버려 국문학과에 편입했고요. 대학원에서는 현대문학과 영상 콘텐츠를 전공했습니다.

아버님이 기자셨어요. 그래서 초등학교 4학년 때부터 중앙 일간지를 보며 성장했습니다. 논설위원을 하며 내가 전공했던 것을 접목했어요. 시도 전공했는데 시는 인문학적인 공부를 많이 해야 해서 논설위원 시절 철학, 인식론, 심리학, 정신분석 같은 학문을 많이 접목하며 일했습니다.

처음엔 인문학을 공부해서 수익으로 연결시키는 게

굉장히 어려워 괜히 전공했나 싶었는데요.

동해안 영상을 몇 개 제작하고 나서

내가 정말 좋은 공부를 했구나 싶더라고요.

영상을 찍을 때 인문학에 대한 이해가 많은 도움이 되었습니다.

두 번째 인생의 만족도는 상당히 높다고 볼 수 있어요.

Q 드론에 관심이 많았나요?

키덜트 성향이 있었죠. 지금도 아이들 장난감에 관심이 많습니다. 드론으로 창업해야겠다는 생각은 없었고, 드론을 조종해 보고 싶다는 생각이 컸습니다. 그래서 직원들이 퇴근하면 회사 대강당이나 근처 초등학교에서 연습을 했어요.

처음에는 3D 프린터에 관심이 많았습니다. 그 이후에는 RC 헬리콥터에 이어 드론으로 이어졌고요. 지금까지 드론을 다섯 대 정도 사용했는데 대당 200만 원 정도의 고가 제품이에요. 그래서 추락한 드론을 찾아 다니는 에피소드가 많아요.

Q 영상에도 관심이 있었나요?

아날로그 시절, 필름 카메라를 갖고 전국에 안 가본 곳이 없을 정도로 다녔어요. 1년에 3만 킬로미터를 넘게 다니며 촬영했습니다. 경희대학교 도서관에 가면 영상 사진 서적만 모아놓은 곳이 있는데요. 관련 서적을 20~30권씩 빌려와 공부했어요. 그렇게 하는 동안 영상이 몸에 배었습니다. 드론의 최대 장점은 카메라가 설치되어 있다는 것입니다. 그래서 더 쉽게 시작하게 되었죠.

Q 현 드론 스쿨은 어떻게 창업했나요?

퇴직 후 2016년에 창업했습니다. 어느 날 준비되지 않은 상태에서 느닷없이 퇴직이 결정되었어요. 텔레비전을 통해 사회연대은행을 보고 거기서 진행하는 교육을 받았습니다. 처음엔 50

플러스 서부 캠퍼스에서 3D 프린트 강사로 강의를 했어요. 그리고 시니어 재취업 과정인 앙코르 브라보노 과정과 시니어 브릿지 아카데미를 이수했습니다. 그때도 지금처럼 인성인문을 접목했으니 세계 최초라 볼 수 있죠. 그러던 중 멘토였던 분이 SBA(서울산업진흥원)에 계신 분을 소개시켜 줘서 본격적으로 3D 프린터와 드론을 대규모로 강의하게 되었습니다.

Q 창업비용은 얼마가 들었나요?

사회연대은행에서 500만 원 정도 지원받았고, 그곳의 주선으로 서울시에서 창업자금 1,000만 원을 받았습니다. 그걸 종자돈으로 삼았죠. 사회연대은행에서 스토리텔링 카페를 통해 일부 지원받으며 필요한 기자재를 마련했습니다.

Q 수입은 얼마나 되나요?

드론 교육, 정부의 영상 제작 지원, 직접 수주한 영상 제작, 충북일보 기고 등 다양한 일을 하고 있습니다. 모두 합치면 월 300만 원 정도.

Q 이 일에 만족하나요?

최상입니다. 내가 정말 잘 선택했다고 생각해요. 국문학 공부도 탁월한 선택이었습니다. 처음엔 인문학을 공부해서 수익으로 연결시키는 게 굉장히 어려워 괜히 전공했나 싶었는데요. 동해안 영상을 몇 개 제작하고 나서 내가 정말 좋은 공부를 했구나 싶더라고요. 영상을 찍을 때 인문학에 대한 이해가 많은 도움이 되었습니다. 두 번째 인생의 만족도는 상당히 높다고 볼 수 있어요.

Q   전망은 어떻게 생각하나요?

최근에 고려대학교 경영학과 교수님 한 분이 인터넷에서 제가 제작한 영상을 보고 물어물어 찾아오셨어요. AI와 빅데이터와 같은 기술적인 내용을 접목해 아이들 교육을 해보는 건 어떤지 의견을 주셨어요. 자율주행차의 시그널은 굉장히 많아 분석이 힘든 반면, 드론 시그널은 분석이 가능하다고 했어요. 그걸 분석하면 활용도가 상당히 높을 것이라는 말이죠. 코로나가 끝나면 같이 해보자고 하시며 강의도 주선하겠다고 하셨습니다. 드론은 4차 산업혁명에서 가장 강력한 도구 중 하나입니다. 단 기술적으로만 접근하는 것은 차별성이 없다고 할 수 있죠.

 ◀ QR코드를 눌러 실제 인터뷰를 살펴보세요

유튜브 '유브랜드'에서는 은퇴 후 창업 창직에 성공한 분들의 인터뷰와 세무, 노무, 정부 지원 등 창업에 필요한 분야의 전문가 인터뷰 등을 지속적으로 소개하고 있다. 동영상 콘텐츠와 댓글을 통해 교육 및 프로그램을 공지할 예정이다.

중년에 접어들고 은퇴가 점점 현실이 되면서 어떤 일을 하면 돈을 잘 번다는 이야기에 귀가 쫑긋했을 것이다. 누구나 다 그렇다. 그런데 그건 남의 이야기다. 그냥 그렇게 되고 싶은 막연한 바람일 뿐이다.

열 명의 인터뷰를 보며 무엇을 느꼈는가. 그냥 '저렇게도 돈을 버는구나'라는 것만 느꼈다면 다시 읽어보기 바란다.

블루밍경영연구소의 김상임 대표는 자신의 경험을 살려 자신만의 브랜드를 만들었고, 제천 하미농장의 김영완 대표는 불편함을 편리함으로 만들기 위한 노력으로 특허 수입까지 창출했다. 더 쇼퍼의 노경환 대표는 시니어의 장점을 통해 함께 나눌 수 있는 시니어 플랫폼을 만들어냈다.

열 명의 공통점은 자신이 원하는 것을 찾았고 끊임없이 관찰하고 성찰했으며 자신만의 것으로 만들기 위해 많은 노력을 했다는 점이다. 그것을 봐야 한다. 은퇴 후의 성공적인 삶은 막연히 그냥 따라한다고 내 것이 되는 게 아니다.

STEP 5

현실

꿈이 현실을 이끈다

막연한 꿈을 구체적 목표로 만들어야 한다. 그래야 진짜 현실로 만들 수 있다. 학창 시절 당신은 늘 꿈이 있었다. 직장 생활 때도 마찬가지였다. 이젠 당신의 멋진 인생 2막에 대한 아주 즐겁고 멋진 꿈을 목표로 만들어야 한다.

'은퇴 후 직업'은
어떤 의미인가?

모 기자아카데미에서 기자를 꿈꾸는 대학생과 취준생을 대상으로 강의하며 물었다.

A는 학창시절 열심히 공부해 일류대에 진학하고 대기업에 취직했다. 높은 연봉과 좋은 근무 환경에서 일하지만 연말에는 정기 인사에서 탈락하지 않을까 늘 조마조마하며 산다.

B는 공부하는 것이 싫어 고등학교 졸업 후 동대문시장에서 허드렛일을 하며 일을 익혔다. 돈을 모아 가게를 얻어 직장인보다 훨씬 많은 소득을 올리며, 남들 쉬는 밤에 일하고 남들 일하고 노는 낮에 잔다.

A와 B, 누가 좋은 직업을 택한 걸까? 답은 쉽게 나오지 않았다.

좋은 직업이란 무엇일까? 결론부터 말하자. 그 직업을 즐기고 만족할 수 있다면 좋은 직업이다. A도 B도 정답은 아니다.

직업이 아니라 사람이 기준인 것이다.

직업 중심의 객관적 선택이 아니라 사람 중심의 주관적 선택이 되어야 한다. 더불어 자신의 성격이나 가치관에도 잘 맞는 직업이 내게 가장 좋은 직업이다. 일을 즐길 수 있다면 그 일에 몰입할 수 있고 그 몰입은 성과로 이어진다.

은퇴 후에도 이전과 동일한 기준으로 직업을 선택하겠는가? 후회하지 않을 자신이 있는가? 은퇴 후 직업은 철저히 당신 자신을 기준으로 택해야 한다. '은퇴 후 직업'은 당신에게 어떤 의미인가? 의미를 확실히 규정하는 것은 매우 중요하다.

은퇴 후
얼마를 벌어야 할까?

일을 한다는 것은 돈을 번다
는 의미다. 은퇴가 두려운 것은 고정 수입이 없어진다는 뜻이기
때문이다. 수입이 끊긴다는 것은 바로 생활비의 부족과 연결되
기 때문에 큰 걱정이 된다. 그래서 보험사의 단골 메뉴인 은퇴
설계도 대부분 돈과 관련되어 있다.

연령에 따라 은퇴시 처한 상황도 달라진다.

40대라면 대부분 자녀가 학생이다. 기본적인 학비에 사교
육비가 지출되어야 한다. 50대라면 대부분 학생 자녀가 있고
경우에 따라서는 부모까지 모셔야 한다. 기본 생활비 외에 병원
비가 만만치 않게 들어간다. 60대 이상이라면 자녀에 대한 부
담은 비교적 줄어드는 대신 수입이 상당히 많이 줄고 부부의 병
원비가 늘어간다.

현재의 중년은 소위 샌드위치 세대다. 자녀 양육과 부모 봉

양을 함께 해야 하니 양쪽 지출을 다 책임져야 한다. 그렇다면 훗날 당신의 자녀가 지금 당신이 부모를 모시는 것처럼 당신 부부를 책임져 줄까? 그 기대는 과욕이고 현실성은 제로다.

아버지를 모시고 사는 나는 두 명의 자녀를 두었다. 내가 아무리 아버지를 극진히 모시고, 그 모습을 아이들이 봐도 내 아이들이 훗날 그대로 할 것이라는 기대는 하지 않는다. 그렇게 포기 아닌 포기를 하고 나니 차라리 마음이 편하다.

어쨌든 은퇴 후라도 돈은 계속 벌어야 한다. 설사 건물주라도 일은 해야 한다. 임대료 수입이 들어온다고 해도 위험 요소는 언제든 생긴다.

몇 번을 강조하지만 일은 단순한 돈벌이를 떠나 개인의 존재감과 관련되어 있다. 특히 자존감이 낮아지는 노후의 삶에 큰 영향을 미친다.

국민연금연구원이 발표한 <국민노후보장패널 8차 조사 (2019년)>에 따르면 중고령자가 노후에 필요로 하는 최소 생활비는 개인 기준 117만 원, 부부 기준 195만 원이고 적정 생활비는 개인 기준 165만 원, 부부 기준 268만 원이다.

여기서 최소 노후 생활비는 최저 생활을 유지하는 데 필요한 비용을, 적정 노후 생활비는 표준적인 생활을 하는데 흡족한 비용을 말한다.

노후 생활비는 인구 특성별로 차이를 보인다. 50대의 경우 필요로 하는 생활비 수준이 가장 높은 반면 80대는 가장 낮았다. 남성이 여성에 비해 노후생활비 수준이 조금 높았다.

지난 7차(2017년) 조사 결과와 비교했을 때 노후 필요 생활비 수준은 개인을 기준으로 5.0~6.0%, 부부를 기준으로 8.0~8.6% 증가(통계청, CPI 2015년을 100으로 환산)했다. 리서치 기관마다 다르긴 하지만 월 평균 250~300만 원은 필요하다고 볼 수 있다.

보건복지부가 2020년 12월 1일에 발표한 바에 따르면 우리나라 국민의 기대 수명은 1985년 69세에서 2019년에 83.3세로 꾸준히 증가했다. 남자와 여자의 기대 수명은 각각 80.3세, 86.3세다. 경제협력개발기구(OECD) 국가 평균보다 2.2년 길다. 기대 수명은 0세 출생자가 앞으로 생존할 것으로 기대되는 평균 생존연수를 의미한다.

한번 뿐인 인생인데 제대로 멋지게 살아야 하지 않겠는가. 각자의 상황에 맞게 생활비를 책정해보자.

이때 중요한 것은 현재가 아니라 미래다. 대출 이자와 성장하는 자녀에게 들어가야 할 돈, 부부의 기본 생활비와 여유 자금 등을 포함해 필요한 월별 평균 금액을 정한다. 그리고 앞으로 마주할 상황에 맞춰 1년 단위로 필요 금액을 정한다.

너무 빠듯하게 짜서는 안 된다. 항상 여유 자금을 남겨놔야 한다. 또한 대충, 얼추, 어림짐작 등으로 금액을 정하는 것도 절대 금물이다. 반드시 '자신의 상황과 비슷한 사람'들을 60세, 65세, 70세, 75세, 80세 등 '연령대 별'로 만나 나이에 맞춘 평균 비용과 추가 비용을 물어 꼼꼼히 작성해야 한다.

월별 평균 금액을 정리한 후에는 기본 지출과 추가 지출로 나눠본다. 그리고 각각 세부 지출 항목을 만든다.

기본 지출은 말 그대로 생활비다. 집이 현재 자가라면 어느 정도 유지할 수 있다. 그렇지 않다면 전세든 월세든 비용이 꾸준히 높아진다. 요즘은 임대차보호법으로 2년에 5% 이상 못 올리게 되어 있다. 이것을 고려해 지출비를 정한다.

식비는 자녀가 장성해 사회인이 되면 줄어든다. 외식이나 쇼핑, 사회 활동에 드는 비용도 낮아진다. 반면 보험비나 적금은 동일한 지출로 유지될 수 있다. 자동차의 경우 주행 거리가 줄어 유지비는 떨어지겠지만 신차를 구입하거나 수리비 등으로 지출이 증가한다. 변수가 한두 가지가 아니어서 항목과 수치를 꼼꼼하게 만들어야 한다.

세부 항목을 만들 때는 기존 지출 내역을 가계부로 작성해 두면 편하다. 가계부 작성은 생각보다 쉽지 않고 지속적으로 해야 하니 번거롭다. 하지만 수입과 지출을 보다 쉽게 이해하고 계획을 세우는 데 이보다 더 좋은 것은 없다. 아직도 가계부를 쓰지 않고 있다면 이것부터 바로 시작하자.

여기에 연금이나 만기된 적금 등의 추가 수입이 있다면 반영해야 한다. 계획서를 작성하는 기준은 '지속 기간' '실질 소득 금액', '실질 지출 금액' 등 세 가지다. 지속 기간은 길게는 5년(예를 들어 60~65세)으로 작성하되, 3년 혹은 1년으로 짧게 만들면 더 구체적인 계획을 세울 수 있다.

이렇게 작성하고 나면 대체로 암울하다. 그게 현실이다. 반면 현재의 직장 급여로 모든 필요 금액을 맞출 수 있다고 나오면 살짝 안심이 될 수도 있다. 그런데 직장 생활을 언제까지 할 수 있다고 생각하는가? 결국 다시 암울해진다. 인정할 건 인정해야 한다. 그래서 은퇴 후의 삶을 더 빨리 준비해야 하고 은퇴 역시 빠를수록 좋다.

5년 기준 인생 재무계획표 짜기

지속 기간	
월별 실질 소득	
월별 실질 지출	
월별 기본 지출 항목과 금액	월별 추가 지출 항목과 금액

3년 기준 인생 재무계획표 짜기

지속 기간	
월별 실질 소득	
월별 실질 지출	
월별 기본 지출 항목과 금액	월별 추가 지출 항목과 금액

1년 기준 인생 재무계획표 짜기

지속 기간	
월별 실질 소득	
월별 실질 지출	
월별 기본 지출 항목과 금액	월별 추가 지출 항목과 금액

※ 인생 재무제표는 5년 단위, 3년 단위, 1년 단위 등으로 나누어서 만들어 두고 체크하는 것이 중요하다.

이왕이면
유망 분야에 도전하자!

은퇴 후 새롭게 도전해야 할 일은 어떤 분야가 좋을까? 이왕 택하는 것이라면 유망 분야에서 선정하는 것이 바람직하다.

세상은 끊임없이 변한다. 대체로 어떤 분야가 유망하고 어떤 분야가 사양 분야인지 알아보자. 정부에서 발표한 자료에 따르면 로봇, 3D 프린터, IoT, 빅데이터, 의료, 바이오, 신재생 에너지, 환경 등이 유망 분야로 꼽혔다. 물론 정답이 아닐 수도 있다. 당신이 할 수 있는 분야도 있지만 진입장벽이 높은 분야도 있기 때문이다.

먼저 연필이나 형광펜을 준비하자. 다음에 소개하는 직업이나 직종 중에서 관심이 가는 분야에 표시를 하다 보면 자신의 관심사를 미래의 유망 직업과 더욱 쉽게 접목할 수 있다. 표시한 직종이나 직업은 은퇴 후 직업 선택 시 다시 보면 도움이 될 것이다.

2019년 4월 한국고용정보원은 <2019 한국직업전망>을 통해 우리나라 대표 직업 196개의 향후 10년 간(2018~2027년) 일자리 전망과 이에 영향을 미치는 요인을 발표했다. 2027년까지 취업자 수가 증가할 것으로 전망되는 직업은 보건·의료·생명과학, 법률, 사회복지, 산업안전, 컴퓨터네트워크·보안 관련 분야 등에서 인재 수요가 늘어날 것으로 전망했다.

보건·의료·생명과학 분야에서 취업자가 늘어나는 직업은 간병인·간호사·간호조무사·물리 및 작업치료사·생명과학 연구원·수의사·의사·치과의사·한의사 등이다. 이들은 신체·정신 기능 저하를 겪는 사람이 일상생활을 할 수 있도록 다양한 적응 훈련을 실시하는 직업이다.

조금 더 자세히 살펴보면 간병인은 국가 지원 중심으로 돌봄 환경이 변화하고 치매 환자와 요양 시설 증가에 따라 수요가 늘어나는 요인으로 꼽히며, 간호사는 건강 관리 및 의료 비용 지출 투자, 활동 분야 확대 등이 영향을 미칠 것으로 보인다. 간호조무사는 고령인구 증가 등으로 수요가 늘어날 전망이고, 물리 및 작업치료사는 고령화와 보험시장 확대로 인한 의료서비스 증가 등이 요인으로 분석된다.

생명과학 연구원은 식품과 보건 연구 활성화, 기업 생명과학 투자 증가, 바이오에너지와 생물다양성 연구 활성화, 법 제도 및 정부 정책 등이 긍정적으로 작용할 것으로 예상된다.

수의사는 반려동물 확대와 검역 업무 증가 등이 수요 증가의 원인이고, 의사·치과의사·한의사 등은 고령인구가 늘어나고 건강보험 적용 범위가 확대되면서 수요가 늘 것으로 예측된다.

법률 분야에서는 변리사와 변호사 수요가 증가하며, 사회복지 분야는 사회복지사, 산업안전 분야는 산업안전 및 위험 관리원 취업자가 많아질 것으로 보인다. 주요 업무는 산업재해 예방 대책 수립, 설비 및 근로자 작업 환경 등을 점검하고 개선하는 것이다. 변리사는 기술이 발전하면서 특허 건수 증가와 지적 재산권 중요도 상승 등이 앞으로의 전망을 밝게 하고, 변호사는 법률서비스 수요 증가세에 따라 향후 10년간 취업자 수가 많아질 것으로 전망된다.

사회복지사는 고령인구 증가, 기업의 사회적 책임 강조에 따른 사회 공헌 및 복지 전담 인력 증대가 요인으로 꼽히며, 산업안전 및 위험 관리원은 산업안전보건에 대한 사회적 인식 확대와 안전 관련 규제 강화가 긍정적인 영향을 미쳤다.

컴퓨터네트워크·보안 분야에서는 네트워크시스템 개발자·컴퓨터보안 전문가 분야의 취업자가 많아질 것으로 예상된다. 이 분야는 인터넷, 인트라넷 등의 네트워크를 개발·기획·설계·시험하는 업무를 수행하는 것이다.

네트워크시스템 개발자는 IT와 타 산업의 융합, 인공지능 빅데이터에 기반한 초연결사회로의 전환 등이 증가 요인이다.

이외 분야로는 전통 기법으로 한옥, 궁궐 등의 건축물을 신축하거나 보수하는 한식 목공이 건물 보수 예산 및 한옥 신축 증가 등의 요인에 혜택을 볼 것으로 전망되며, 신재생에너지를 연

연번	분야	직업명	증가요인
1		간병인	국가 지원 중심으로 돌봄 환경의 변화, 치매 및 요양 시설 증가
2		간호사	건강관리 및 의료비용 지출 투자, 간호사의 활동 분야 확대, 간호·간병 통합서비스
3		간호조무사	고령인구 증가, 간호조무사의 활동 분야 확대
4		물리 및 직업치료사	고령인구 증가, 보험시장 확대로 인한 의료서비스 증가
5	보건·의료·생명과학	생명과학 연구원	고령화, 식품 및 보건 연구 활성화, 생명과학 기술 발전 및 사업화 진전, 기업 생명과학 투자 증가, 바이오에너지 및 생물 다양성 연구 활성화, 법 제도 및 정부 정책 요인(제3차 생명공학육성기본계획, 과학기술 기반 바이오경제 연구 활성화)
6		수의사	반려동물 문화 확대, 글로벌화에 따른 검역 업무 증가, 생태계 보존 필요성 증가
7		의사	고령인구 증가, 건강에 대한 관심 증가
8		치과의사	고령인구 증가, 건강보험 적용 확대(고령자 임플란트)
9		한의사	고령인구 증가, 한의학 접목 산업 확대 및 의료기술 수출, 건강보험 적용 범위 확대
10	법률	변리사	기술 발전에 따른 특허 건수 확대, 법률 시장 개방에도 불구하고 특허권의 속지주의적* 특성에 따른 일자리 안정성, 지적재산권의 중요도 상승 * 권리를 획득한 나라에서만 효력 발생
11		변호사	법률서비스 수요 증가세로 인한 고용 증가
12	사회복지	사회복지사	고령인구 증가, 기업의 사회적 책임 강조(사회 공헌 및 복지 전담 인력 수요 증가), 복지정책 강화 등
13	산업안전	산업안전 및 위험관리원	근로자 및 국민의 산업안전보건에 대한 인식증가와 정부의 안전에 대한 규제강화
14	컴퓨터 네트워크·보안	네트워크시스템 개발자	IT와 타 산업의 융합, 인공지능 빅데이터에 기반한 초연결사회로의 전환 등으로 신규 직종이 많이 발생
15		컴퓨터보안 전문가	꾸준한 성장세인 산업계 동향과 인력 수급 전망 고려
16	건설	한식 목공	문화재 보수 예산의 증가, 한옥 신축 증가 등의 영향
17	화학·섬유·환경 및 공예	에너지공학 기술자	미세먼지 등 환경에 대한 관심 증가, 국내외 신재생에너지 강화 정책 등에 따른 연구·개발·서비스 증가

향후 10년간 취업자 수가 증가하는 직업 및 증가요인

출처 : 한국고용정보원 <2019 한국직업전망>

구·개발하며 에너지 효율을 높이는 시스템과 관련된 업무를 수행하는 에너지공학 기술자는 환경에 대한 관심 상승, 신재생에너지 강화 정책 등에 따라 취업자 수가 늘어날 것으로 예측된다.

2021년 보건복지부는 지역노후준비지원센터를 통해 노후준비 4대 분야(재무, 건강, 여가, 대인관계)에 대한 교육 상담 서비스를 활성화 했다. 또한 4차 산업혁명 시대에 시니어 일자리 제공 유형을 크게 세 가지로 나누어 세분화했다.

첫째는 틈새 도전형으로 전문성과 경력을 살려 재취업과 창업을 하는 것이다. 오픈마켓 판매자, 귀농귀촌 플래너, 스마트팜 운영자, 1인 출판 기획자, 흙집 전문가, 창업보육 매니저 등이 이에 속한다.

두 번째는 사회 공헌형으로 봉사와 취미로 할 수 있는 일이다. 청년창업 지원가, 청소년 유해환경 감시자, 인성교육 강사, 웃음 치료사, 문화재 해설사 등이 속한다.

마지막으로 세 번째는 미래 준비형이다. 정부 육성 신직업을 기준으로 교육을 통해 미래를 준비하는 것이다. 라이프 코치, 시니어 플래너, 산림치유 지도사, 주택임대관리사, 3D 프린팅 전문가 등이 속한다.

이 외에도 은퇴 후 유망 직업은 얼마든지 있다. 이들 분야는 각각 독립된 분야는 아닐 수 있다. 투잡의 개념이 아니라 융복합의 개념으로 이해하면 훨씬 쉽다. 이를테면 유망 분야 중 하나로 꼽히는 직업을 다른 분야에 접목하면 또 다른 직업이 생성되고 세분화된다. 시니어 플래너와 산림치유 지도사를 접목해

산림치유를 통해 시니어의 플래닝을 도와주는 직업이 생기는
식이다.

이 책을 읽으면서 자신의 대내적, 대외적 가치 평가와 적성
검사를 통해 자신이 하고 싶고, 할 수 있는 일에 대해 어느 정도
가늠을 하게 되었을 것이다. 자신의 능력과 유망 분야를 접목하
는 것도 좋은 방법이다.

앞에서 연필이나 형광펜으로 표시한 직업들을 다시 살펴보
자. 그리고 그 직업이나 직종에서 확대할 수 있는 관련 직업이
떠오른다면 먼저 표시한 직업이나 직종 옆에 써보자. 글을 쓴다
는 것은 생각을 집중하고 정리해 주는 정말 강력한 방법이다.

어떤 직업을
선택할 것인가?

앞서 성공 사례로 살펴본 열 명의 직업에서 답을 찾을 수 있다. 혹은 자신이 잘 아는 분야로 눈을 돌릴 수도 있다. 아직 가닥만 잡은 정도라면 마음과 관심이 가는 분야를 조금 더 '세분화'해 '구체적'으로 정해보자.

당신은 은퇴 후 새 직업을 찾은 열 명의 이야기를 읽으면서 어디에 무게 중심을 두었나. 편안함? 돈? 아니다. 다시 말하지만 당신 자신에 무게 중심을 둬야 한다.

당신이 좋아하는 분야는 무엇인가? 내가 진짜 좋아하는 직업을 상상하는 것만으로도 기분이 좋아진다. 가장 마음이 끌린 직업 혹은 분야는 무엇인가? 그 직업을 선택해 일한다고 상상해 보자. 당연히 기분 좋은 흥분감에 떨리고 몰입하게 된다. 진정한 흥미의 대상일수록 쉽게 집중되고 다른 사람보다 깊게 빠져든다. 그토록 기다렸던 퇴근 시간이 이제 더 이상 없어진다.

단, 감정적으로 직업을 택하면 안 된다. 자신을 객관적으로 볼 수 있는 메타인지의 관점에서 자신의 직업도 살펴봐야 한다. 메타인지는 자기 스스로 아는 것과 모르는 것을 제대로 구분하고, 모르는 것을 알기 위해 해결책을 찾아낸 후 추가적인 학습을 실행하는 능력이다. 생각의 관점과 시각의 관점을 분리해서 자신을 평가한다면 일시적 감정이 아닌 객관적 자신과 그에 어울리는 직업을 보게 될 것이다.

여기에 덧붙일 것은 직업가치관이다. 직업가치관은 직업에 대한 만족도를 판단할 때 사람마다 중요하다고 생각하는 기준이나 요소를 말한다. 물론 사람마다 다르다. 나의 재능을 다른 사람에게 나눠주며 느끼는 행복일 수도 있고, 내가 정말 하고 싶은 일이지만 먹고 살기 급급해 미뤘던 일에서 얻는 성취감일 수도 있다. 혹은 일과 취미를 병행하면서 오는 즐거움일 수도 있고, 마음 맞는 사람들과 함께하는 데서 오는 기쁨일 수도 있다.

당신이 원하는 은퇴 후의 삶은 어떤 것인가. 그 꿈을 이루기 위해서는 정말 철저한 준비가 필요하고 주변 상황을 꿰차고 있어야 한다. 따박따박 들어오던 월급이 없어지면 걱정과 근심에 당황할 수밖에 없다. 다시 말해 직장 생활을 하는 동안 재정의 기준은 급여의 숫자에 맞춰져 있었다.

하지만 은퇴 후에는 접근방식이 달라야 한다. 무엇보다도 먼저 당신이 벌어야 할 돈은 얼마인지 명확히 계산해야 한다. 서유채 홍민정 대표가 미래 농법을 택한 것처럼, 설악프로방스배꽃마을의 오성택 대표가 속초에서 술의 미래를 봤던 것처럼, 인성인문 드론 스쿨 아르케의 황인술 대표가 드론의 미래 가능성을 봤던 것처럼 지속적으로 하기 위해 유망 분야를 고려하는 것도 필요하다. 은퇴 후에는 월급에 기대는 것이 아니라 당신의 의지에 기대야 한다.

작은 변화가 일어날 때 진정한 삶을 살게 된다.

— 레프 톨스토이

STEP 6

실행

실천이 꿈을 이룬다

성공하는 사람과 그렇지 못한 사람은 정말 한끗 차이다. 실천을 했는가, 하지 않았는가로 갈린다. 그래서 "나도 생각은 했었는데…"라는 말은 참 초라하다. 자신의 꿈을 이룰 수 있는 매우 효과적인 실천법을 살펴보자.

꿈을 이루기 위해
무엇을 할 것인가?

은퇴 후 원하는 직업을 당신의 것으로 만드는 방법은 어렵지 않다. 하지만 그것은 매우 일반적인 수준이다. 자신에게 물어보자. 그냥 그 직업을 갖는 데 만족할 것인가? 아니면 그 분야에서 탁월한 전문가가 될 것인가? 일반적인 직업인과 탁월한 전문가는 수입도 다르고 개인적인 만족도와 자존감도 다르다.

처음 사회생활을 시작했던 때로 돌아가 솔직하게 답해보자. 당시 당신의 목표는 무엇이었는가? 입사? 그 분야의 전문가? 대부분 입사가 목표였을 것이다. 그렇게 입사한 후에는 높은 급여와 승진을 목적으로 열심히 일해 그 분야의 나름 전문가가 되었을 것이다.

그렇다면 이제 다시 생각해보자. 은퇴 후에도 똑같이 그 분야에 종사하는 사람이 목표인가?

아니다. 당신이 가진 꿈과 목표의 핵심은 자신이 좋아하는 일을 하며 만족감을 느끼고, 안정된 수입 그 이상의 수입을 얻는 것이다. 꿈과 목표를 이루며 은퇴 후에도 자존감을 얻는 것이 핵심이다.

이런 은퇴 후의 꿈을 이루기 위해서는 그만큼 많은 노력이 따라야 한다. 당신은 이 책을 펼치고 많은 성찰과 기록을 했다. 무척 가치 있는 시간으로 느꼈을 수도 있지만 반대로 고되고 재미없는 시간이었을 수도 있다.

정말 중요한 과정은 지금부터다. 넘어야 할 마지막 산이니 조금만 더 힘내 보자.

✚ 실행

어떤 사람이 독특한 아이템으로 성공했다고 하면 자주 하는 말이 있다.

"나도 생각했던 건데!"

솔직히 이런 말은 누구나 할 수 있다. 성공한 사람과 그렇지 않은 사람의 차이는 '생각만 했는가'와 '실행까지 했는가'의 차이다.

누구나 자기의 단점과 부족한 점을 안다. 하지만 그것을 고치려고 노력하는 사람은 생각보다 거의 없다. 성공한 사람들은 자신의 단점을 보완하려고 무던히 노력한다는 공통점이 있다.

무언가 실행을 했다는 뜻이다.

　은퇴 후 당신이 선택한 직업 혹은 직업군은 어떤 것인가? 가급적 직업군이 아닌 직업(기존 직업이 아닌 창직도 포함된다)으로 구체화 해보자.

　먼저 맨 위에 당신이 선택한 직업 혹은 직업군을 천천히 적는다.

　단순히 단어만 쓰면 안 된다. '어떻게 하면 ○○○을 할 수 있을까?' 혹은 '어떻게 하면 ○○○이 될 수 있을까?'로 작성하는 것이 좋다. 다 적었으면 마음을 가다듬고 다시 한 번 당신이 쓴 직업 혹은 직업군을 천천히 바라본다. 그것이 현재 당신의 꿈이다. 그토록 고민했던 그 꿈!

　그 꿈을 이루기 위해 당신은 많은 준비를 했을 수도 있지만, 전혀 그렇지 않을 수도 있다. 상관없다. 지금부터 해법을 찾으면 된다.

　내가 찾은 꿈을 이루기 위해 해야 할 일은 무엇일까? 천천히 그리고 깊게 생각한 후 187페이지의 노트에 적는다. '이 꿈을 이루기 위한 실행 방법'에서 처음 써내려간 앞부분은 대부분 일반적인 방법이다. 그렇기 때문에 더 이상 쓸 것이 없다고 해도 계속 생각해봐야 한다.

　급하게 생각하지 말고 핵심에 더 접근해 보자. 분명히 지금까지 생각해보지 않았던 실행 방법이 있을 것이다. 그것은 누구나 하는 일반적인 방식이 아니라 당신에게만 필요한, 자신의 꿈을 이루기 위해 당신만이 준비할 수 있는 방법이다. 이것이 실행 계획이다.

　실행 계획은 예를 들어 '오늘 기준으로 매월 SNS 친구 30명씩 만들기', '다음 주에 은퇴 준비 모임을 만들고 3개월 내에 회원 100명 모으기', '오늘부터 가계부를 작성해 3개월 안에 비용의 20% 줄이기'와 같이 구체적으로 작성한다.

　실행 계획을 작성할 때는 '오늘 기준 매월 30명', '다음 주, 3개월 50명', '오늘부터 3개월 20%'처럼 '언제 시작할 것인가'와 함께 '측정 가능한 표현'이 담겨 있어야 한다. 다섯 가지가 넘을수록 좋다. 하지만 실행 계획이 너무 소극적이거나 반대로 욕심을 부려 현실성이 떨어지면 안 된다. 내가 반드시 해낼 수 있는 선에서 적어보자.

　실행 계획을 적고 난 후 어떤 기분이 드는가? 가슴이 두근거린다면 이미 반은 성공한 것이다. 여기에 당신이 적은 직업과 실행 계획은 오롯이 당신이 스스로 만든 것이다. 자신에게 아낌없이 칭찬해주자. 진심으로 당신에게 응원과 격려를 보낸다.

당신이 선택한 직업은?

이 꿈을 이루기 위한 실행 방법은?

1.

2.

3.

4.

5.

6.

7.

8.

9.

10.

✚ 점검

성실하게 계획을 작성했다고 하더라도 실천하지 않는다면 지금까지의 노력이 한순간에 수포로 돌아갈 수 있다. 그러지 않으려면 점검이 필요하다. 캘린더 형식의 계획표에 표시하면서 점검하는 것이 좋다. 스마트폰 앱보다는 종이나 종이 수첩을 사용하기를 바란다. 손으로 직접 항목을 적고 표시하는 게 마음을 다잡는 데 훨씬 효율적이기 때문이다. 더불어 다른 스케줄과는 별도의, 전용 체크 리스트를 만드는 것이 좋다.

효과를 높이기 위해서는 매 주말이나 매월 말일 등 일정 기간을 정해 계획대로 하고 있는지 점검하는 게 좋다. 만일 계획대로 되고 있지 않다면 그 이유가 무엇인지 체크해 원인을 밝혀야 한다. 처음 계획이 너무 무리하고 과도하게 설정되었다면 제대로 지킬 수 있도록 조정한다. 잘 진행되고 있다면 스스로에게 상을 주며 자신감을 높여 준다.

실행 계획 점검 체크리스트에는 '월별 체크리스트 만들기', '아내와 매주 결과 공유하기' 등 스스로 가장 잘 점검할 수 있는 방법을 적는다. 단, 점검 사항을 하나만 정하는 것은 효과적이지 않다. 자신이 계획을 잘 진행하고 있는지 체크할 수 있도록 4~5개 정도 정하는 것이 좋다. 단언하건대 6개월만 꾸준히 점검하고 진행하면 본인의 능력은 물론 자신감으로 충만한 자신을 발견할 것이다.

실행 계획 점검 체크리스트 적기

1. _____

2. _____

3. _____

4. _____

5. _____

6. _____

7. _____

8. _____

9. _____

10. _____

실행 계획의
장애 허들 뛰어넘기

번번이 승진에서 탈락하는 것
이 고민인 장교 출신 모 기업 차장을 코칭한 적이 있었다. 기본
적으로 영어 실력이 부족했고 업무와 관련된 컴퓨터프로그램
활용 능력도 부족한 것이 원인이었다.

그가 세운 실행 계획은 온통 교육뿐이었다. 영어학원 새벽
반 수강, 컴퓨터프로그램 학원 저녁반 수강, 점심시간에는 인터
넷 교육 수강. 누가 봐도 벅찬 스케줄이었지만 그는 단기간에
능력 향상이 안 되면 정기 인사 때 또 승진을 못 할 것이라며 무
조건 하겠다고 선언했다.

이런 경우 거의 대부분 실패한다. 여러 상황을 고려해 실현
가능성에 기반을 둔 실행 계획을 세워야 하는데 현실보다 의욕
이 지나치게 앞섰다.

결국 그는 한 달이 지나자마자 포기를 선언했다. 더 큰 문제

는 이로 인해 자존감도 함께 떨어졌다는 것이다.

아무리 멋진 실행 계획을 세우더라도 분명 '장애 요소'가 존재한다. 그것은 게으름일 수도 있고 의지가 약해져서일 수도 있다. 또는 상황이 어쩔 수 없도록 만들기도 한다. 또한 장애 요소의 원인은 나 자신일 수도 있고 외부 상황일 수도 있다. 통제가 가능한 상황일 수도 있고 그렇지 않은 상황일 수도 있다.

실행 계획을 점검할 때는 각 실행 계획은 물론 계획 전체를 보고 장애 요소를 찾아내야 한다. 통제 가능한 것이라면 실행의 성패여부는 당신의 의지에 달려 있다.

체력이 부족하다면 실행 계획에 운동을 넣으면 되고, 시간이 부족하다면 허투루 쓰는 시간을 줄이거나 수면 시간을 줄이면 된다. 게으름이 문제라면 스스로에게 상벌을 주거나 조력자의 도움을 받으면 된다. 통제 가능한 사항이라면 통제가 안 되는 것은 없다. 단지 의지가 약해서이다. 그런 약한 의지로 은퇴 후의 삶에 대한 청사진을 잘 그릴 수 있을까?

나는 믿는다. 당신은 결코 그런 사람이 아니라는 것을. 여기까지 온 것만 보더라도 당신은 충분히 멋지게 해낼 수 있는 사람이다.

성공을 위한 지구력,
자기 확신

강의 때 성공 경험을 통해 강점과 자존감을 높이는 코칭을 진행하다 보면 정말 놀랄 때가 많다. 보통 2인 1조로 진행하며 질문지를 주고 한 사람은 코치, 한 사람은 고객이 된다.

코칭 내용 중에는 직장에서 본인이 만든 성공 경험을 소개하고, 강점에 대해 이야기하는 시간이 있다. 말하다 보면 자신도 몰랐던 성공 경험과 자신의 강점을 깨닫게 된다. 강의에 참석한 사람 중 지금까지 단 한 명도 성공 경험을 소개하지 못한 사람은 없었다. 누구나 크든 작든, 많든 적든 성공 경험을 가지고 있다.

지금까지 당신은 멋지게 살아왔다. 정말 최선을 다했다. 남들은 가질 수 없는 당신만의 멋진 성공을 이루었다. 그렇다면 은퇴와 더불어 그 성공 경험과 강점이 모두 없어지는 것일까?

그렇지 않다. 당신의 성공 경험과 경륜은 타의 추종을 불허한다. 힘들고 어려운 상황일수록 더욱 빛을 발할 것이다.

물론 은퇴 후 예상하지 못했던 난관이 기다리고 있을 수 있다. 때론 그 앞에서 좌절하고 낙담하며 후회할 수도 있을 것이다. 하지만 그대로 포기하기엔 당신은 정말 아까운 사람이다. 그런 고비를 한두 번 넘어본 것이 아닌 당신에게 포기는 어울리지 않는 단어다. 성공을 위한 지구력은 바로 자기 확신이다. 지금까지의 고비를 멋지게 성공으로 만든 것처럼 당신은 반드시 성공할 것이다.

로또가 당첨될 확률은 대략 810만분의 1이다. 산술적으로 로또 810만 장을 숫자가 겹치지 않게 81억 원어치 사야 당첨될 수 있다는 이야기이다. 인생은 로또가 아니다. 막연한 바람과 꿈은 구체적인 실천을 통해 이루어진다. 목표를 정했다면 실천 방법을 매우 디테일하게 정해야 한다. 막연히 영업을 위해 '많은 사람 만나기'가 아니라 '일주일에 몇 명 만나기'가 더 효과적이다. 가급적 측정 가능한 수치로 정해야 한다. 그리고 그 목표를 꼭 이룰 수 있다는 믿음으로 자신의 자존감을 높여야 한다.

믿음이 부족하기 때문에 도전하길 두려워하는 바,
나는 스스로를 믿는다.

— 무하마드 알리

STEP 7

지렛대

누구나 알게 모르게 지렛대를 쓰고 있다. 하다못해 소주 뚜껑도 지렛대다. 힘 들이 지 않고 높은 효과를 낼 수 있는 지렛대는 은퇴 후의 멋진 삶을 현실로 만들 수 있는 방법이다. 당신의 멋진 인생 2막을 위한 지렛대를 활용하면 훨씬 쉽다.

열정의 잔고를
높여라

100점 만점을 기준으로 당신의 현재 열정은 몇 점인가? 70점? 50점? 성공하기 위한 조건으로 능력 못지않게 중요한 것이 열정이다. 능력이 자동차의 하드웨어라면 열정은 앞으로 치고 나가는 속도다. 아무리 좋은 능력을 가지고 있다 하더라도 열정이 부족해 앞으로 나아가지 못하면 아무런 소용이 없다.

업무 관계로 알게 된 분이 있다. 그는 외국계 여행사의 한국 지사장이었다. 이 여행사가 한국에 론칭할 때 영업부장으로 일하면서 많은 성과를 거뒀고 지사장 자리까지 올라갔다. 그때만 해도 여행업계에서 이분의 명성은 무척이나 유명했다. 안타깝게도 직원의 잘못으로 퇴사를 해야 했다. 이후 그분과 한동안 연락이 되지 않았다. 그러던 어느 날 그분으로부터 만나자는 연락이 왔다.

그는 그동안 VIP 대상 여행사를 오픈했고 운영도 잘 된다고 말했다. 그때 하신 말씀이 무척 인상적이었다. 목의 힘을 빼는 데 1년이 걸렸다고 한다. 이젠 돈을 벌 수 있다면 절이라도 마다하지 않는단다. 그러면서 자신이 운영하는 여행사에 대해 설명하는데 그 표정이 너무나 행복해 보였다.

사업을 크게 하다 부도난 사람이 있다. 그동안 승승장구했으니 돈도 많이 벌었고 자존감도 높았다. 그런데 사업체가 부도난 후 아무 것도 할 수 없었다고 한다. 돈도 돈이지만 용기와 열정이 모두 사라졌기 때문이다. 그런 모습을 보는 가족은 당사자 못지않게 힘들었을 것이다. 결국 그는 정신 차리고 산에 오르기 시작했다. 산에 오르면서 자신의 삶을 성찰하게 되었다.

결국 그는 자기가 좋아하는 캠핑용품 가게를 차렸다. 좋아하는 일이니 누구보다 잘했다. 캠퍼들 사이에 입소문이 나면서 사업 안착과 운영에 성공했다. 물론 전에 했던 사업만큼 큰돈을 벌지는 못하지만 무척이나 즐겁다고 한다.

가슴이 설레었던 적이 언제였던가? 언제부턴가 당신에게 설렘은 낯선 단어가 되었을 것이다. 바쁜 업무, 빠듯한 살림, 하루가 멀다 하고 날아오는 고지서, 치고 올라오는 후배, 끝이 없는 경기 불황, 앞으로 살아야 할 세월과 같이 많은 날들…. 이런 상황들이 가슴 속에서 설렘이란 단어가 설 자리를 앗아가 버렸는지도 모른다.

열정은 성공을 이끄는 지름길이다. 은퇴를 준비하며 놓지 말아야 할 것은 통장의 잔고가 아니라 열정의 잔고다.

무언가 새로 시작한다는 것은 얼마나 멋진 일인가. 꿈꾸던 삶을 현실로 만드는 시작점이니 얼마나 흥분이 되는가. 결코 좌절해서는 안 된다. 피할 수 없는 상황을 정면으로 마주하고, 미래를 당신 것으로 만들어야 한다. 미래는 준비하는 자의 몫이다. 열정을 놓지 않으면 바로 당신의 것이 된다.

공부,
자녀에게만 해당되는 게 아니다

　　　　　　　　　　　　　자녀에게 공부하라고 잔소리
하는 당신은 얼마나 공부하는가? 공부는 평생 해야 한다. 공부
를 하는 가장 효과적인 방법 중 하나가 독서다.

　　독서에는 다섯 가지 방법이 있다. 첫 번째는 박학(博學). 말
그대로 두루두루 다양하게 읽는 것이다. 두 번째는 심문(審問).
궁금증을 가지고 읽는 것이다. 세 번째는 신사(愼思). 독서를 하
며 신중하게 생각하는 것이다. 네 번째는 명변(明辯). 독서를 통
해 명백하게 분별하는 것이다. 마지막으로 다섯 번째는 독행(篤
行). 독서로 얻은 지식을 진실한 마음으로 성실하게 실천하는
것이다. 당신의 독서는 어디에 해당하는가?

　　살아가며 평생 한 명의 스승을 만나기도 어렵다는 것은 옛
날 말이다. 스승은 도처에 널렸다. 서점이 비치된 수많은 책들
은 모두 당신의 스승이 되기 위해 기다리고 있다. 당신은 선택

만 하면 된다. 모든 저자는 책을 쓰기 위해 엄청나게 공부한다. 책은 그 공부의 농축이다.

이제 독서 습관을 바꿔야 한다. 당신이 선택한 직업과 관련된 책을 중점적으로 읽자. 20권만 읽어도 당신은 그 분야의 전문가가 되고 무엇보다 자신감으로 가득 차게 될 것이다.

유튜브는 아주 생생한 스승이다. 통계에 따르면 전 세계에서 가장 많은 사람들이 사용하는 1등 앱이 유튜브 앱이라고 한다. 그리고 유튜브를 가장 많이 사용하는 연령대는 50대가 압도적으로 1등이었다. 그만큼 장점도 크고 이용하기 편하다는 이야기다. 이제 흥미 위주의 콘텐츠만 볼 것이 아니라 당신이 택한 직업과 관련된 내용을 찾아보자.

유튜브 크리에이터들은 더 많은 구독자와 좋아요를 받기 위해 다양한 자료와 비주얼로 만든 영상 콘텐츠를 업로드한다. 유튜브에는 정보가 넘쳐난다. 이런 공부가 당신의 힘이 될 것이다.

팀 파워,
백지장도 맞들면 낫다

앞에서도 강조했지만 은퇴 준비는 혼자 하는 것보다 함께하는 것이 낫다. 누구랑 같이 해야 할지 모르겠다는 건 변명이다. 우리나라의 1차 베이비부머는 1955년부터 1963년 사이에 태어난 세대다. 2020년 8월 기준 1차 베이비부머 세대는 723만 명이다. 1955년생이 2020년에 만 65세로 노인 인구에 편입됐다. 1차 베이비부머는 2028년까지 모두 노인으로 분류된다.

2차 베이비부머는 1968년에서 1974년 사이에 태어난 세대다. 이 시기에는 해마다 100만 명씩 태어났다. 2030년 후반이 되면 2차 베이비부머 세대도 모두 노인으로 편입된다.

주위를 둘러보면 함께할 수 있는 은퇴자들이 넘쳐난다. 바로 옆에 배우자도 있다. 같은 또래의 회사 동료, 학창시절 친구, 사모임에서 만난 회원 등 함께할 수 있는 사람은 얼마든지 있다. 게다가 그들도 모두 당신과 같은 고민을 한다. 이들과 얼마든지 함께 은퇴를 준비할 수 있다.

더 적극적인 방법은 은퇴 이후의 삶에 대해 깊은 고민과 준비를 하는 사람들을 만나는 것이다. 간절함이 모여 시너지는 배가된다. 특히 인터넷으로 만나면 시간과 공간의 제약도 없다. 당신이 은퇴 후 하고 싶은 직업을 먼저 준비한 사람도 만날 수 있어 더 체계적으로 준비가 가능하다.

정말 힘이 되는 마중물,
창업 지원 제도

─────────────── 은퇴 후 새로운 도전을 할 때 받을 수 있는 지원에 대해 알아보자. 경제적 부담도 덜고 여러 면에서 도움을 받을 수 있다. 한 기관에서 복수의 사업을 진행하기 때문에 포털 사이트에서 각 기관 혹은 사업 내용을 검색하는 게 편하다.

✚ 신사업창업사관학교

소상공인시장진흥공단의 '신사업창업사관학교'는 새로운 창업 아이디어를 가진 예비 창업자들을 대상으로 진행된다. 신사업 아이디어를 발굴해 교육생을 선정하고, 창업 이론교육·점포 경영 체험교육·멘토링·창업 자금 등을 지원하는 프로그램이다.

창업교육 최종 수료자 중 점포 경영 체험교육을 약 120일 동안 진행할 수 있으며, 그 기간 동안 1:1 멘토링 지원을 받을 수 있다. 참여 신청은 신사업창업사관학교 홈페이지(www.sbiz.or.kr/nbs/main.do)를 통해 할 수 있다.

✚ 중장년 기술창업센터

중소벤처기업부에서 운영하는 '중장년 기술창업센터'에서는 만 40세 이상의 (예비) 창업자를 지원한다. 퇴직자들이 숙련된 전문성과 네트워크를 활용해 창업할 수 있도록 원스톱 창업 지원 서비스를 제공한다. 실전 창업교육·상담 및 자원·창업공간·운영비 등을 지원받을 수 있다. 전국에 25개 센터가 운영되고 있으며, 센터별 모집 일정에 따라 교육생, 입주기업 등 모집 기한이 각기 다르다. 각 센터에 직접 방문하거나 K-스타트업 홈페이지(www.k-startup.go.kr)를 통해 신청·접수할 수 있다.
문의 044-410-1931

✚ 예비창업 패키지

중소벤처기업부에서 진행하는 제도로 예비 창업자가 대상이다. 창업 사업화에 소요되는 자금을 최대 1억 원 한도로 지원하고,

전담 멘토를 매칭하여 바우처 관리 및 경영·자문 서비스를 제공한다. 이외에도 사전 교육 8시간, 역량 강화·심화교육 32시간 등 예비 창업자 창업교육 프로그램도 운영한다.
문의 044-410-1802~1810

+ 중장년 일자리 희망센터

40세 이상의 중장년 재직자·퇴직예정자·구직자를 대상으로 생애경력설계, 전직 및 재취업 지원 등 인생 3모작 준비를 위한 고용지원 서비스를 제공한다. 생애경력설계 자가진단을 통해 경력경로별 준비를 지원하고, 취업과 창업을 실행하기 위한 개별 상담과 일자리를 알선 받을 수 있다. 전국 32개소의 중장년 일자리 희망센터에 신청할 수 있다. 운영 중인 센터에 직접 방문해 신청하거나 장년워크넷 홈페이지를 통해 접수할 수 있다.
문의 02-6021-1100

+ 재도전 성공 패키지

폐업 이력이 있는 예비 재창업자 또는 재창업 3년 이내 기업의 대표를 대상으로 사업화 자금 및 교육, 멘토링 등을 패키지 식으로 지원하여, 사회적 자산의 사장 방지 및 재창업 성공률을 제고하는 제도이다. 신용 회복과 재창업을 동시 지원하는 채무조정형, IP기술의 제품화 및 사업화를 동시 지원하는 IP전략형, 민간투자유치 기반의 TIPS-R 운영 등이 있다.

문의 042-481-4474~75

책을 덮으려는 당신,
당신은 할 수 있다

요즘 대학 신입생 모집 광고를 보면 가장 크게 홍보하는 것이 취업이다. 우리 대학에 들어오면 취업 걱정이 없다고 내세운다. 그만큼 취업이 힘들다는 현실을 보여주는 반증이다. 그렇게 죽도록 고생해 대학에 진학했는데 바로 취업 준비를 시작할 수밖에 없는 시대다.

요즘 대학생만 해당되는 이야기가 아니다. 지금 50대들은 대학 생활 2~4년 동안 취업 준비를 해 빠르면 20대 중반에 입사해서 25~30년 동안 직장 생활을 했다. 그런데 은퇴 후 남은 삶이 40~50년이다. 아무런 준비 없이 직장 생활보다 긴 시간을 살아가야 한다면 공포스럽지 않을까?

답은 간단하다. 준비하면 된다. 준비하면 40~50년이 행복하고 준비하지 않으면 40~50년이 불행하다. 처음 직장 생활을 시작했을 때를 떠올려 보자. 아침 일찍 출근해 밤늦게까지 일했다. 20년 전에는 토요일 오전에도 근무했다. 말이 오전 근무지 실제 퇴근하는 시간은 평일과 별반 다르지 않았다. 그렇게 치열하게 일했고 당신 덕에 우리나라는 개발도상국에서 선진국의 반열로 올라갈 수 있었다.

이제 은퇴 후의 삶은 온전히 당신이 원하는 삶, 돈과 행복을 모두 거머쥘 수 있는 시간으로 만들어야 한다. 당신은 충분히 그럴 자격이 있다. 당신은 이미 많은 성공 경험을 갖고 있다. 지금까지 가족을 위해 밤낮없이 일했다면, 이제는 정말 행복한 삶을 살아야 한다. 당신은 충분히 그 바람을 현실로 만들어낼 것이다.

직장 생활을 하면서 혼자 하는 일은 거의 없다. 하지만 은퇴 후 삶의 준비는 혼자해야 하는 경우가 많다. 그만큼 효율성이나 효과적인 면에서 부족할 수밖에 없다. 그렇기 때문에 효율성과 효과성을 높이기 위해 모든 것을 동원해야 한다. 무엇보다 열정이 식으면 안 된다. 새 일을 성공하기 위한 간절함이 있어야 한다. 같은 상황, 같은 니즈, 같은 목표를 가진 사람들과 모여 서로 격려하며 정보를 공유한다면 혼자 하는 것보다 수십, 수백 배의 결과를 빨리 만들 수 있다. 책을 덮는 순간 미래는 더욱 암담해진다. 눈을 감고 스스로에게 열 번 말하자. '나는 할 수 있다.'

앞서 가는 방법의 비밀은 시작하는 것이다.
시작하는 방법의 비밀은
복잡하고 과중한 작업을, 할 수 있는 작은 업무로 나누어
그 첫 번째 업무부터 시작하는 것이다.

— 마크 트웨인

STEP 8

셀프 코칭

당신 삶의 주인공은 바로 당신이다. 만일 힘든 상황이 닥쳐 낙담한다면 다음 질문에 대해 천천히 답해보자.

힘들 때마다
숨은 답을 찾을 수 있는
시크릿 가이드

철저한 준비와 함께 열정을 갖고 추진해도 마음처럼 안 되는 경우가 다반사다. 그것이 현실이다. 그렇다고 절대로 자존감을 잃지 말자. 당신 삶의 주인공은 바로 당신이다. 만일 힘든 상황이 닥쳐 낙담한다면 다음 질문에 대해 천천히 답해보자.

이 질문들은 일반적인 코칭 프로세스로 당신 스스로 답을 찾고 실행해 원하는 결과를 만들 수 있는 비밀이 담겨있다.

각 질문을 읽고 바로 답하지 말고 천천히, 그리고 깊게 생각한 후 답을 적어본다. 일이 마음처럼 안 풀릴 때마다 이 질문들을 찾아 각 항목마다 적어보자. 분명 놀라운 반전의 결과가 생길 것이다.

1. 최근에 가장 기분 좋았던 것은 무엇인가요?

2. 그때 기분 좋았던 이유는 무엇이었나요?

3. 본론으로 들어가 봅시다. 지금 당신의 고민은 무엇입니까?

4. 그 고민은 당신에게 어떤 의미입니까?

5. 당신의 고민을 한 문장으로 정리해 보시겠습니까?

6. 고민이 해결된 게 100점이라면 현재는 몇 점인가요?

7. 몇 점까지 올리고 싶으신가요?

8. 원하는 점수는 어떤 상황인가요?

9. 현재의 점수는 어떤 상황인가요?

10. 만일 그 고민이 해결되어 원하는 점수가 되었다면 어떤 기분이 들 것 같습니까?

11. 원하는 점수까지 올리기 위해 무엇을 할 수 있을까요?
    (시간을 두고 다섯 가지 이상 적습니다.)

12. 지금까지 적은 것 중 가장 먼저 어떤 것을 할 수 있을까요?

13. 언제 하시겠습니까?

14. 당신이 원하는 게 이루어진다면 스스로에게 어떤 칭찬을 하시겠습니까?

15. 방해 요소는 어떤 게 있을까요?

16. 그 방해 요소를 해결할 수 있는 방법은 무엇입니까?

17. 당신이 잘하고 있는지 스스로 어떻게 점검할 수 있을까요?

18. 스스로 목표와 실행 계획을 세우고, 점검할 수 있는 방법까지 세웠습니다. 정말 대단합니다. 지금까지 답을 하며 어떤 기분이 드셨습니까?

19. 스스로에게 어떤 응원 메시지를 주시겠습니까?

상기 코칭 프로세스는 편의상 글로 만든 것이다. 실제 한국코치협회에서 인증한, 유자격 코치를 직접 만나 코칭을 받게 되면 단언하건대 혼자 정리하는 글보다 몇 배 높은 효과를 얻을 것이다. 저자 역시 유자격(KPC) 코치로 다양한 코칭을 진행하고 있다.

빨리 은퇴하라

오직 당신만을 위한 은퇴 후 창업 창직 가이드 코칭북

초판 1쇄 인쇄 2021년 6월 24일
초판 1쇄 발행 2021년 6월 29일

지은이   최승영
펴낸이   황윤정
펴낸곳   이은북
출판등록   2015년 12월 14일 제2015-000363호
주소   서울 마포구 동교로12안길 16, 삼성빌딩B 4층
전화   02-338-1201
팩스   02-338-1401
이메일   book@eeuncontents.com
홈페이지   www.eeuncontents.com

책임편집   황윤정
교정   황규원
디자인   lee.ree.
마케팅   장재섭, 황세정, 최유빈
인쇄   스크린그래픽

ⓒ 최승영, 2021
ISBN 979-11-91053-08-1 (13190)